DESENFOCADOS

© Luis Carlos Uzcátegui Arnao, 2025

ISBN: 978-84-129097-7-7

email: luisuzcategui@yahoo.com
X: @luiscuzcategui

Corrección de estilo
Magaly Pérez Campos
Maquetación
Editorial Alfa
Impresión
Podiprint

Impreso en España
Printed in Spain

Luis Carlos Uzcátegui Arnao

DESENFOCADOS

15 MANERAS DE PERDER EL RUMBO AL COMENZAR UN NEGOCIO

Índice

Prólogo
Lorenzo Lara Carrero[1]

Luis Carlos Uzcátegui nos presenta, a partir de su propia experiencia, quince maneras de perder el rumbo al comenzar un negocio. Son alertas útiles para quienes están considerando la posibilidad de construir una nueva empresa, así como para su familia, amigos y colegas. Las preguntas y retos que Luis Carlos plantea contribuyen a una reflexión indispensable para evitar y superar riesgos de fracasos, a veces muy dolorosos, que pueden afectar a personas muy queridas del novel empresario. Este libro contribuye a tomar decisiones fundamentales, de gran impacto personal y familiar, guiados por un experto que comenzó muy joven a experimentar las complejidades de la vida de empresario.

Desde su infancia, vendiendo limonada a sus vecinos o lápices a sus compañeros de colegio, Luis Carlos aprendió de primera mano a identificar necesidades en su entorno más cercano y la manera de atenderlas,

---

1 Fundador de Negociosdigitales.com, C.A. en Venezuela y de ND Venture Assets S.L. en España, cofundador y primer presidente de la Cámara Venezolana de Comercio Electrónico, ha sido parte de los equipos promotores y asesores de numerosas iniciativas enfocadas en innovación y tecnología como palanca de desarrollo de negocios. Ha sido reconocido por algunos de sus socios más jóvenes como mentor estratégico.

produciendo un beneficio mutuo mediado por el proceso de compraventa y de precios convenientes para ambas partes.

Sus inclinaciones musicales lo llevaron en la adolescencia a ejercer de DJ en fiestas caraqueñas, proveyendo los equipos necesarios. Su gusto por el submarinismo lo llevó a compartir sus estudios universitarios con la creación y gestión de un servicio de entrenamiento y suministro de equipos en la isla de Margarita que atrajo a numerosos turistas nacionales y extranjeros. Graduado de abogado, creó su propio escritorio de servicios jurídicos con éxito temprano, lo que le permitió convertirse en inversionista en sus propios negocios en la época del *boom* de internet a finales del siglo XX.

Luis nunca ha sido empleado. Siempre ha trabajado para sus propias empresas. Es un empresario de nacimiento. Un emprendedor nato.

* * *

Conocí a Luis Carlos en Caracas en 1999, época naciente de los negocios digitales. Al final de un evento sobre comercio electrónico se acercó, junto con varios de sus compañeros y socios emprendedores, para invitarme a visitar la oficina de su muy recientemente creada *startup*: Tucarro.com.

Como profesor en el IESA y promotor de la Cámara Venezolana de Comercio Electrónico, tuve en esos tiempos un rol pionero en la identificación y aprovechamiento de las oportunidades que internet abría para crear nuevos negocios. Luis Carlos y sus socios se convirtieron en mi laboratorio principal para experimentar nuevas estrategias y modelos de negocios que veinticinco años más tarde son parte normal de la vida de las empresas y de las personas.

En un edificio modesto, en la zona central de Caracas, entré a la primera oficina de Tucarro.com. Me impresionó el contraste entre el bullicio y desarreglo del entorno con la simplicidad elegante de esta primera oficina. Todo estaba enfocado en producir y prestar un servicio cuyo único propósito era: vende tu carro en Tucarro.com. No cabían dudas en la mente de los potenciales clientes sobre qué le ofrecía esta página web, pionera a escala mundial en fotoclasificados *online*. Campañas de mercadeo de muy bajo costo, *below the line* y sobre todo estrategias caballo de Troya, como publicidad en eventos y otros medios del sector, volanteo en las calles de Caracas, pegatinas sustitutivas de letreritos de venta en los vidrios de los carros y la calidad del servicio incendiaron el mercado. En menos de tres años, Tucarro.com y su familia de marcas (TuInmueble.com, TuMoto.com, TuAvion.com) se convirtieron en líderes absolutos del sector de medios clasificados. En 2008, no más de nueve años luego de su fundación, Luis Carlos y sus socios ejecutaron una muy exitosa estrategia de salida con una importante rentabilidad para todos los accionistas. Vendieron Tucarro.com y todas sus marcas a MercadoLibre (Nasdaq; MELI) en una transacción muy comentada en los medios financieros internacionales de la época.

Veinticinco años más tarde, me doy cuenta de que el entorno de trabajo de Luis Carlos, incluso su oficina en casa siempre han reflejado su obsesión por el foco en los negocios. Su conversación, el manejo del tiempo, la gestión de sus tareas y deberes, personales y de negocios, todo en Luis Carlos, con mucha alegría y simpatía, refleja esa disciplina estoica que combina muy bien con el disfrute de su vida.

En tiempos más recientes, la actividad empresarial de Luis Carlos se ha enfocado en el negocio de hostelería a través de su compañía UZ Group, propietaria de las marcas UZ Villas y UZ Foods. De manera característica, compite con actores líderes a través de servicios y productos innovadores, disruptivos y de gran calidad. El diseño de su oferta al mercado está basado, siempre, en una comprensión muy precisa de los segmentos a los que sirve.

* * *

El libro que estás a punto de leer es un generador de conversaciones que tendrás contigo mismo y con tu entorno, comenzando, como bien indica Luis Carlos, por tu pareja, tu familia y tu entorno de negocios. Es, al mismo tiempo, una formidable oportunidad para orientar tu camino como emprendedor, pues te invita a pensar críticamente sobre tus metas y apunta a tomar en cuenta puntos clave —identificados por el autor en su experiencia como creador de nuevas empresas— para evitar y superar los escollos que con bastante seguridad encontrarás en su desarrollo.

El punto de vista que Luis Carlos propone es el de un fundador de empresas. En el momento de la primera edición de este libro, líderes de opinión en Silicon Valley contraponen este punto de vista, el de los fundadores (*founder's mode*), con el de los gerentes profesionales (*manager's mode*). Hay casos emblemáticos como el de Steve Jobs, que fue despedido de su propia empresa por los accionistas que la llegaron a controlar para, luego de estar al borde del fracaso en manos de gerentes profesionales, llamarlo para que la rescatara. Pienso que un fundador de empresas exitosas, a través de una obsesión muy personal que provee foco al desempeño de su organización, logra las sinergias convenientes y necesarias entre las muy variadas y diversas actividades que convergen para lograr las metas de un negocio al servicio de mercados muy competitivos.

Una mezcla de arrojo, seguridad en sí mismo y humildad ante los hechos de la realidad y la dinámica de los negocios caracteriza el estilo de liderazgo de Luis Carlos. Los lectores de este libro agradecerán la franqueza y estilo directo de su autor, el cual presenta sus mejores aprendizajes en el desarrollo de nuevos negocios.

Introducción

Estar *desenfocado* es lo contrario a la vital acción que debe dominar, perfeccionar y ejecutar un emprendedor o empresario, dueño de negocio, ejecutivo o profesional, creador o artista, que no es otra que mantenerse *enfocado*. No se trata de una teoría de negocios, sino de una actitud permanente frente a las diversas circunstancias, oportunidades, desvíos —internos o externos— que se le presentarán a lo largo del camino y que pueden fácilmente dar al traste con una magnífica propuesta de negocios y, en algunos casos, con un producto o servicio que ya ha dominado un mercado. Pero ¿enfocado en qué? Allí comienza esta historia. Entender dónde están los enfoques fundamentales y los desenfoques que se deben evitar. Nos concentramos en evitar aquello que nos desenfoca, y ¿cómo lo hacemos? Identificándolo. Hemos optado por nombrar cada uno de tales desenfoques para hacerlos comprensibles y hasta cierto punto comunes, de tal manera que podamos evitarlos.

Estar desenfocado es errar el espacio, el tiempo, la estrategia, la oportunidad, el crecimiento, el producto, etc.

He llegado a la conclusión de que, la gran mayoría de las veces, desenfocar consiste en no comprender el mercado o no hacer caso a sus señales; desenfocar es también el camino más expedito para destruir la historia en una empresa consolidada y su mercado; es también perder el sentido del futuro del negocio más allá de nuestro ciclo vital. Es desconcentrar esfuerzos o recursos, voltear al lugar equivocado, pelear batallas perdidas, ceder el control o sostenerlo a toda costa.

Dejarse llevar por la ambición desmedida también es un desenfoque, siendo que esta es un valor empresarial pero, llevada a extremos, puede convertirse en un claro ejemplo de desenfoque que, en algunos casos, también podría estar al margen de la ley. No se trata solo de comprender que estar enfocado en una actividad es una de las claves del éxito, sino más bien de lograr identificar a tiempo cuándo una circunstancia, desvío, corrección de rumbo, nueva visión u oportunidad están enmarcados en el concepto de desenfoque. De allí que identificar las distintas circunstancias que nos llevan a perder el camino sea vital. De allí que identificar, además, los diferentes tipos de desenfoque más comunes sea el objetivo principal de este libro, que escribo para la reflexión de todos mis compañeros empresarios-emprendedores.

Existen riesgos en todo desarrollo empresarial; estos, identificados a tiempo, pueden salvar una empresa ya madura. Igualmente permiten esquivar las trampas muchas veces disfrazadas de oportunidad, o de competencia. He visto desenfoques en todas las edades, en juntas directivas, asambleas de accionistas, socios, directivos y ejecutivos, igual en empresas jóvenes que maduras. Pero el peor y más peligroso de los casos es cuando aparece una burbuja especulativa; allí no solo pierden el norte los emprendedores, sino que aparecen falsos empresarios, muchos de ellos estafadores. Han transcurrido muchos años en los que he dedicado mi vida a crear, impulsar y concretar ideas de negocios que contribuyan con la sociedad y generen beneficios a sus accionistas. A pesar de ello, sigue ocupando un espacio fundamental, en el proceso de crear una empresa y definir un plan estratégico, esa duda razonable o temor interno que nos dice que el riesgo que estamos por asumir sí tiene sentido, y que vamos a seguir adelante poniendo en peligro tantas cosas que es inútil nombrarlas.

El impulso de la creación de empresas es como un martillito invisible que permanentemente golpea tu cabeza de día y de noche, acompañado del temor natural de fallar cuando se intenta hacer algo novedoso que a veces podría parecer hasta innecesario. No importa cuántos años tengas al frente de un negocio o cuántas veces hayas emprendido: siempre es muy lógico sentir el temor de enfrentar riesgos empresariales, así como también es muy gratificante haber conseguido un espacio de negocios, una rendija por la cual puedas deslizar tu idea, que te permita actuar libremente en un mercado que quizás algún día podrás llamar "tuyo".

Cuando una idea se pone en marcha, es su momento más vulnerable y recibe mayor atención no especializada. La razón de este fenómeno común es muy sencilla: si tu negocio aún no es famoso o importante, todos piensan que es una muy buena idea darte un consejo.

En ese momento, el creador de la idea debe ser firme y elegir a quién escucha y a quién no; sobre todo, debe evitar hacer comentarios en un ambiente o circunstancia inadecuado.

No hay nada malo en ser parte de un momento en el que se descubra una nueva fuente de negocios, comunicaciones, ciencia, innovación, disrupción, arte, etc. El asunto es saber separar una verdadera oportunidad de negocios con base sustentable, escalable, ejecutable, de las que son solo basura. Sí, basura; hojas y hojas de papel llenas de ilusiones sin sustento real. Como dijo alguna vez Warren Buffett: "Las proyecciones no merecen ni el papel sobre el que se escriben", instituyendo así su legendario criterio de basar las decisiones en históricos medibles.

Resulta muy complejo entender los riesgos de desenfoque en estructuras corporativas bien organizadas, pero no nos equivoquemos: tu desenfoque interesa a muchos, dentro y fuera de la organización. Interesa a la competencia y también a especuladores, acreedores, prestamistas y a esos que llaman inversores ángeles, que son cualquier cosa menos lo que proclaman ser. Son inversores de capital de riesgo. Punto. Si distraes tu enfoque, les darás ventaja a tus compañeros de trabajo, algunos de ellos en directa competencia interna contigo a cualquier precio; y si no es a cualquier precio, lamento decirte que hasta los amigos internos en el fondo también podrían estar interesados en tu desenfoque. El resbalón de uno es el ascenso de otro.

Veo a muchos buscar en otras personas las respuestas que están dentro de sí mismos; los veo deambular entre expertos, amigos y asesores de toda índole esperando que alguien les dé ese empujón que necesitan para enfrentar sus propias realidades, convicciones, riesgos y fracasos. Pasan por interminables horas de reflexión y terminan dejando de lado lo que podría ser una brillante idea de negocios o plan de vida. Algunos, por el contrario, logran encontrar las fuerzas para afrontar el reto por venir y desarrollar una actitud persistente que les permite sobreponerse a la reacción natural de mirar a otro lado. A pesar de las dificultades, enfocan su esfuerzo consiguiendo, en definitiva, ejecutar la tarea no sin antes haber pasado por toda clase de angustias y dudas, rechazos y obstáculos.

Por otro lado, está quien lo arriesga todo, aquellos que han nacido con ese espíritu innato que les permite lanzarse a la aventura. Algunos con mucho conocimiento y otros con el manejo oportuno de una intuición que resulta en algunos casos envidiable. Son incontables las historias de riesgo total asumido por un emprendedor; el único problema es que solo conocemos las exitosas y no las fracasadas u olvidadas. Esos casos —que son la gran mayoría— lamentablemente pasan por debajo de la mesa, incluso en los círculos más íntimos. Son esos casos que desaparecen en los intramuros antiguos de iglesias, sinagogas, casas o clubes sociales, olvidados entre conversaciones informales de fracasos cercanos, dejando el gran conocimiento que nos entregan los errores. Hasta allí llegan. Simplemente quedan en la almohada o en la ejecución de una hipoteca de la que seguro dependían muchos seres queridos, o sobre las que reposaban esfuerzos inmensos. Ha resultado siempre muy positivo para mí llenarme de energía al analizar las historias de grandes empresarios: Carnegie, Rockefeller, Edison, Gates, Ford, Morgan, Kellogg, Jobs, Disney, Marriott y otros que sí lo lograron y quedaron para siempre. ¿Cómo fueron sus inicios? o ¿cuáles trampas les puso el mercado? Es bueno tomarlos como sustento e inspiración para alimentar la convicción personal, sin dejar de lado los aspectos que más adelante analizaremos como desenfoques y estrategias para combatirlos.

Convivimos como emprendedores con la eterna diatriba entre optimismo y pesimismo conjugados en el mismo ser e intercambiándose de posición en nuestra mente un día uno y al otro lo opuesto. Hoy lo hago, mañana no lo sé. Ese es el temor del pesimista o la pasión del optimista que, conjugados con una dosis de oportunidad y conocimiento, podrían salvar el día o, mejor dicho, la vida. Ello, claro está, si se logra enfocar el rumbo y dejar todos los ruidos a un lado, elegir cuándo y a quién escuchas, defender una propuesta al punto de sostener que una decisión ha sido tomada y cuándo requiere consensos adicionales para fortalecer su ejecución. Sin embargo, si has pasado por todo ello y sostienes tus intenciones de seguir adelante, podrías estar en posición de comenzar tu sueño.

La naturaleza humana nos coloca frente a celebrados éxitos repentinos y estrepitosos fracasos. Pero aquellos que han logrado un éxito impresionante y no necesariamente noticioso se encuentran en todas partes, cumpliendo con sus objetivos, desarrollando sus ideas como dirían: calladitos. Otros han acumulado sus errores y algunos de ellos con consecuencias devastadoras para su entorno. Estos fracasos, en innumerables ocasiones, se convierten en el combustible imprescindible para obtener otros éxitos futuros.

Es común observar que muchos triunfos empresariales quedan de muy bajo perfil, fuera del radar de los medios o de las conversaciones mundanas del emprendimiento. Ocurren en círculos íntimos, entre familiares y amigos, sin necesidad de reconocimiento ni escándalos mediáticos o de círculos empresariales, bursátiles o académicos, esos que han hecho perder el norte a muchos desenfocados, como veremos más adelante. Todos ponemos nuestras ideas en un mercado entre sueños y dudas; por allí nos paseamos. Por ello, he desarrollado la idea central que me llevó a explorar este tema del enfoque. Comencé por identificar las dudas que se les hacen más comunes a los emprendedores y cómo ellas son fuentes de riesgos que pueden comprometer su futuro.

Esa incertidumbre natural se expresa de diferentes formas en cada persona. Identificar cada una de ellas para separarlas en capítulos comunes a la mayoría de los emprendedores ha sido todo un desafío.

En el terreno de los sueños, el asunto se hace aún más complicado. Esto debido a que lo más noticioso se convierte en muchos casos en el ideal y, por lo tanto, en un impulsor de ideas. Lo cierto es que la mayor parte de las historias exitosas están en todas partes y ocultas a la atención del público, incluso cuando se trata de empresas públicas cuyas acciones se transan en mercados abiertos. Ejemplos de empresas excepcionales han permanecido ocultas durante décadas, fuera del radar de los medios, de los cazadores de contenido o de tráfico web instantáneo, como es el caso de Berkshire Hathaway: solo se hizo famosa cuando su tamaño y éxito eran imposibles de ocultar. Permanecieron así por mucho tiempo hasta que el éxito fue tal que sus fundadores, desconocidos durante mucho tiempo pero inmensamente enfocados en sus valores y estrategias originales, se convirtieron en oráculos y en los más grandes inversores de todos los tiempos modernos.

En el terreno del emprendimiento empresarial soy un autodidacta. Existen otras formas de hacerlo pero, sin duda, esa fue la que me tocó vivir, y me pregunto: ¿acaso existe otra manera? Muchos se pasearán por las formas de emprendimiento académicas, corporativas, institucionales, etc. Otros se concentrarán en ubicar el impulso emprendedor en las categorías: por necesidad o por convicción. En este punto reflexiono si es que acaso en todas existe un determinante factor decisivo de arrojo personal, de convicción, una especie de resistencia al riesgo, un sentido de aventura que irrumpe incluso cuando ya lo has hecho muchas veces: la certeza de que algo es susceptible de ser realizado de una forma diferente, novedosa y hasta cierto punto controversial al mercado existente, o simplemente la necesidad innata de alcanzar el éxito.

He tenido la satisfacción de crear empleos y bienestar para otras personas, a quienes he tratado siempre de contagiar el entusiasmo de emprender, la adrenalina de crear. Siempre, claro está, acompañada de la angustia de saber que las ideas deben ser sometidas a pruebas crudas y pragmáticas del mercado, el cual, al final del camino, es el que decide si estas realmente contienen valor suficiente para encontrar su propio espacio, equilibrio, porvenir y sostenimiento en el tiempo.

De todo esto surgió, entonces, la necesidad de escribir sobre todas estas incontables alegrías, fracasos y angustias que acompañan el siempre excitante camino de someter una idea a la prueba del mercado y supeditarse a sus designios, amoldándolos cuando es posible a nuestra forma de entender una necesidad o un concepto, corrigiendo el rumbo en el camino cuantas veces sea necesario y disfrutando el proceso. Un esfuerzo que nos hace regresar a casa cansados, pero con ganas de seguir cuanto antes.

La dinámica que se presenta en el proceso de la creación de una empresa está rodeada de mucha información técnica y valiosa, así como de inminentes peligros que pueden amenazar con destruir la idea incluso antes de su nacimiento. En este proceso de conseguir apoyo financiero, profesional, técnico y a veces afectivo, es común que el emprendedor deje de lado temas vitales que es importante comprender antes de lanzarse a emprender; asuntos que tienen que ver más con uno mismo que con factores técnicos o del mercado.

Así, se pueden cometer grandes errores. Lo digo con la humildad de haber caído muchas veces en estas trampas ocultas del proceso. Partiendo de esta inquietud, decidí comenzar a escribir sobre este tema, todo enmarcado dentro del concepto de enfoque, en este caso asociado no solo al hecho de mantenerse enfocado en el producto o servicio-idea que se está desarrollando, sino que he decidido ampliar su contenido haciendo énfasis en todos aquellos aspectos que pueden causar desenfoque, es decir, distracciones peligrosas que pueden hacer sucumbir una idea incluso antes de su nacimiento, o en etapas tempranas de su desarrollo. De allí *¿Desenfocados?* Ocurre con mucha frecuencia y tiene muchas caras. Es así como —lamentablemente— logra desconcentrarnos del objetivo que nos hemos dispuesto a alcanzar, y así frustrar una idea que podría cambiar nuestras vidas y quizás el mundo.

¿Cuáles son las características de esas personas a las que un emprendedor se enfrenta durante las etapas tempranas de su proyecto? ¿Cuáles temas deben ser abordados en cada caso? Y ¿cuáles aspectos y personas deben ser consultados o evitados? ¿Cómo lidiar con el tema de las personas cercanas, familiares, cónyuges, amigos y mentores? Todos están presentes en nuestra vida y podrían verse afectados por nuestro emprendimiento. ¿Cómo se puede evitar dar pasos en falso en una empresa consolidada y cómo podemos entender que ha llegado el tiempo de salir, de dar un paso atrás o de permanecer al frente? Estas son algunas de las preguntas que pretendo abordar e intentar responder de forma franca y directa. Poco a poco daré un paseo por estos temas en los que he visto envueltos a todos los emprendedores, incluyéndome, por supuesto.

Varios autores me han ayudado a desentrañar este mundo infinito del emprendimiento y de la creación empresarial. Sin embargo, encuentro que no se ha profundizado suficientemente en esos asuntos que tienen que ver directamente con la persona, ese ser humano que ha decidido lanzarse a la aventura de emprender; ese que un buen día tomó el sartén por el mango y dio rienda libre a sus ideas en la esperanza de realizar aquello que desde hace días, meses o años recuerda cada noche antes de cerrar sus ojos. Cientos de frases, afirmaciones y sentencias se usan para describir ese impulso que nos lleva a crear: "Algún día yo voy a...". Esa idea que permanece allí, en cada neurona de nuestro cerebro y renace a la luz cada vez que la vida nos demuestra que teníamos razón y que existe un espacio y una gran oportunidad para uno mismo. Es común confirmar que esa gran idea ya alguien más la ejecutó y, peor aún, que ha sido exitosa. Muy bien por quienes la llevaron adelante, pero ¿y qué hay de nosotros? ¿Lo dejaremos hasta ahí o enfrentaremos el nuevo reto?

También expongo algunas ideas sobre cómo aprovechar el camino avanzado por otros, aunque hayan ganado tiempo y espacio en el mercado; cómo no caer en los pantanos clásicos de conclusiones apresuradas y sobrevenidas sobre la competencia, así como algunas ideas más ambiciosas para lograr competir en un mercado existente.

¿Cuántas veces te ha ocurrido que un día piensas en un tema, una idea que consideras brillante y, de pronto, esta queda dormida en algún rincón de tu mente hasta que, repentinamente, te percatas de que alguien más lo hizo, de que tu idea sí tenía sentido? Esto causa una inicial frustración; sin embargo, más bien debe ser el motor para impulsarla, sabiendo que bastaba con tu propia iniciativa, tu criterio y una tonelada de esfuerzo que seguramente estás dispuesto a aportar; pero debo advertirte que muy pocos están dispuestos a llevarlo a cabo con la perseverancia necesaria para alcanzar sus objetivos. Es justo en ese momento en que debes hacerte la pregunta: ¿realmente soy capaz de hacerlo?

Son incontables los momentos que he atesorado, junto a mis socios, colegas y colaboradores durante todos estos años. He compartido con grandes maestros quienes, con su experiencia y sabiduría, han logrado imprimir una huella nítida en mí y cuyos consejos se han convertido en esencia de mi accionar diario, no solo en los aspectos de negocios, sino en mi vida personal. Con muchos de ellos he tenido el honor de transitar todo tipo de circunstancias empresariales y humanas.

Evitar hacer de este tema un compendio técnico empresarial de finanzas, mercadeo, etc. ha sido todo un reto. Igualmente, fue muy complicado incorporar y separar las anécdotas necesarias de las que son solo eso, anécdotas irrelevantes, evitando así caer en temas aislados que no serían del interés general.

Presento los temas relacionados con el desenfoque en los diferentes tipos, quince en total. Los agrupo en momentos del desarrollo de un emprendimiento o empresa; luego paso a descubrir ideas para enfrentar estos desenfoques de una forma amena y esclarecedora.

Emprender es esa emoción, creencia, seguridad y convicción de oportunidad que debe ser sostenida por cada emprendedor con valentía, conocimiento, humildad y perseverancia. Es la capacidad de convertir esa idea en una empresa que sea capaz de sobrevivir las duras etapas iniciales con pragmatismo y convicción, para convertirse en una referencia del mercado al que pertenezca, sin importar su tamaño.

Las ideas que aquí expongo no funcionan para embaucadores. Aunque hubiese podido usar cien términos diferentes para definirlos sin herir susceptibilidades, prefiero nombrar las cosas por su verdadero nombre. No niego que, en algunos casos, estos modelos de negocio sean legales ni que se requiera un talento descomunal para llevarlos a cabo. Simplemente estos planteamientos no son para ellos, no son para quienes emplean toda su capacidad en definir modelos de ganancia fortuita o inmediata. Esos intereses están totalmente fuera de mis capacidades y no pretendo adentrarme en ellos de ninguna forma en las siguientes páginas.

Explicando tu idea

Iniciarse en el mundo empresarial pasa por un momento crítico que es generalmente previo o que ocurre durante las primeras etapas del negocio. Este consiste en verte en la necesidad de explicar a tu entorno aquello que deseas emprender. Es parte de un proceso por el que pasan todos los emprendedores y que, por supuesto, cada uno enfrenta de una forma particular. Aunque no considero que este sea propiamente un ejemplo de desenfoque, por ser previo, no deja de ser relevante y peligroso.

A principios de la década de los años ochenta, comencé a estudiar en la universidad. En ese momento no era nada común el uso de la palabra *emprendimiento*. Esta no estaba en los pasillos de las universidades ni en escuelas de negocios. El término en inglés *entrepreneur* es comúnmente usado como sinónimo de empresario. En otros países se referían a este tema como *empresario*, hombre de negocios o simplemente creador de un negocio. En el libro *El nuevo estado industrial*, de John K. Galbraith[2], se usa el término *emprendedor* para identificar al nuevo hombre de negocios individual como: el sistema de creación del emprendedor, diferenciándolo claramente del sistema planificador de los grandes negocios corporativos, siendo esta mención uno de los primeros usos de la palabra en el vocabulario formal empresarial.

No trato de darle un valor que no merece a esta palabra que tan acertadamente ha logrado definir una categoría de personas, entre las que me encuentro. Los emprendedores, como es lógico, han existido siempre, son parte intrínseca e inseparable de la historia de la Humanidad, por lo que rechazo el hecho de presentar el emprendimiento como un tema vinculado al desarrollo de las empresas de las últimas décadas, y mucho menos a vincularlo estrictamente al hecho tecnológico como fuente del emprendimiento.

En aquellos años, todo giraba en torno a pertenecer a una gran organización. Si tu vocación estaba orientada a los negocios, entonces tú querías ser parte de una gran trasnacional y, si eras un abogado, por ejemplo, te gustaría pertenecer a un reconocido escritorio de abogados y, si este era internacional, mucho mejor. Esta forma de pensar venía dirigida desde arriba, es decir,

---

2   John Kenneth Galbraith: (1908-2006). Fue un influyente economista, diplomático, político, escritor, profesor de la Universidad de Harvard, asesor de varios presidentes de los Estados Unidos de América y director de la revista *Fortune* en la década de 1940.

desde los padres, quienes encontraban en el hecho de que su hijo lograra un título universitario y un buen empleo un verdadero premio a su esfuerzo. Parte de esto sigue siendo así; no todos están destinados en la vida a emprender y, si no existieran las grandes organizaciones y corporaciones, sería el mundo un lugar muy diferente, incluso extraño.

Sin embargo, yo no tenía la suerte de algunos otros que, apenas eran consultados sobre qué hacían o en qué trabajaban, respondían nombrando incluso una sola empresa/marca: Procter & Gamble, PDVSA, Kraft, Baker & McEnzie, Leo Burnett, Empresas Polar, etc., todas grandes corporaciones en ese tiempo y en el terreno en el que me desenvolvía. En mi caso, primero respiraba profundo, tomaba una bocanada de aire y comenzaba a dibujar con palabras en la mente del interlocutor aquel proyecto o empresa que estaba comenzando. La mayoría de las veces me vi en la necesidad de dibujar primero la necesidad del mercado para luego explicar el modelo de negocio. Esto sigue ocurriendo en la actualidad cuando decido empezar una vez más.

Recuerdo perfectamente esos momentos incómodos en que un amigo respondía: "Yo trabajo para..." y luego dibujaba esa sonrisa segura y firme, muchas veces acompañada por un movimiento afirmativo de su cabeza, todo en menos de tres segundos. Qué orgullo tan maravilloso sentían todos al lograr expresarse con un símbolo tan obvio del éxito en etapas muy jóvenes de su desempeño profesional. En mi caso nunca fue así.

En aquellas ocasiones, que fueron innumerables, yo quedaba agotado de solo pensar todo lo que a mí me tocaría decir. ¿Cómo lo explicaba? Temprano comprendí que trabajar dentro de una corporación no era para mí, nunca lo fue. Me sentía agotado, pero nunca disminuido; por el contrario, trataba de dibujar la visión del negocio que pretendía llevar a cabo. Con el pasar de los años aprendí a separar y elegir a quiénes debía contar mis ideas y a quiénes no. Hoy esa es la primera regla que me aplico a mí mismo: entender si es necesario o no contarlo. La mayor parte del tiempo la respuesta en mi mente es: no digas nada.

Es allí justamente donde nace el primer riesgo de desenfoque, como veremos más adelante, en el momento preciso en el que expones tu idea de una manera informal frente a una audiencia que no necesariamente está capacitada para entender tu esfuerzo explicativo y que, en el caso de estarlo, resulta que el momento podría ser totalmente inapropiado. Casi siempre es así.

Esa coraza necesaria para poder afrontar circunstancias de tipo social de una manera inteligente es el primer paso para no desenfocarte. No es prudente entrar en la discusión profunda de tu proyecto, ya que la pregunta que se formula en espacios sociales pertenece más al terreno de la interacción humana que al del verdadero interés en tu persona, en tu negocio o en tus ideas. Por ello saber a quién diriges tus comentarios es vital.

Perdiendo el norte

Resulta apasionante tratar de identificar cada una de las circunstancias en las que alguien puede perder el norte al tratar de iniciar una aventura empresarial. La tarea es infinita; sin embargo, he logrado sintetizar un grupo que he conceptualizado. Posteriores aportes lograrán identificar nuevos tipos, agrupar o desagrupar los aquí expuestos; en definitiva, generar un mapa de los peligros que todo emprendedor debe evaluar para poder seguir adelante en su propósito.

Esta identificación de circunstancias en las que se puede perder el camino de la puesta en marcha de una idea es tan diversa como la complejidad humana. Muchas de carácter personal-psicológico, social y otras, como es lógico, de carácter técnico-empresarial. Todas ellas en el mismo nivel de importancia, es decir, ninguna superior a la otra. Es necesario internalizarlas y mantenerlas claras en nuestra memoria durante el paso de los días tanto como sea posible para reconocer un peligro a tiempo y, a veces, para corregir una mala decisión o estrategia.

Entender cómo dejar a un lado las circunstancias distractoras de un emprendimiento es un verdadero arte. Lograr pasar por las diferentes etapas sin perder el rumbo, sin desperdiciar el tiempo y sin descartar las oportunidades es un asunto serio, pero muy poco explicado y desarrollado en el mundo de los negocios.

Algunas personas aparecen como virtuosas por naturaleza y capaces de hacer milagros empresariales, pero este no es el común de los casos de éxito; por el contrario, son la excepción. No es mi intención desconocer que, definitivamente, esto puede ser así en muchísimos casos. Sin embargo, no es justo pensar que solo los eruditos son los que pueden alcanzar el éxito empresarial. De hecho, la mayoría de las veces las personas tienen que recurrir a habilidades mucho más convencionales, como lo son: los principios y valores personales, la experiencia transitada a lo largo del tiempo y el soporte en preparación académica y profesional.

Hay desenfoques presentes en todas las etapas del desarrollo de una idea. Es un error pensar que una marca o negocio consolidado no está sometido a este riesgo. Por el contrario, perder el norte es un asunto incluso más peligroso en etapas avanzadas de los negocios. Pero no confundamos desenfoque con falta de innovación; sin ella, la empresa muere y en ese caso quedan, entonces, desenfocados en la estrategia de supervivencia a mediano y largo plazo.

Hay tipos de desenfoque que tienen mucho que ver con las etapas iniciales de un emprendimiento; otros con las que corresponden a la curva de aprendizaje, las etapas de éxito y las de madurez empresarial y dominio de un segmento o mercado. Todos estamos en riesgo, siempre. Una de las claves es separarte de tus logros iniciales, si ya lo has conseguido, y mantenerte alerta sobre los riesgos que vendrán: evitar la tentación de generar líneas de expansión de marca o productos, concentrarte solo en la competencia, imitar a los demás, tratar de abarcar segmentos desconocidos, dormirte en tus éxitos previos, alcanzar el descanso personal sin haber pensado en la línea de sucesión gerencial y muchísimos otros de los cuales hablaremos en las siguientes páginas.

Desenfocado #1

Algún día lo haré

¿ Te has visto envuelto en este tipo de pensamientos o conversaciones? ¿Has pasado años pensando en un proyecto que no has llevado a cabo? ¿Te has preguntado si, a pesar de tener una buena idea, estás dispuesto realmente a hacer todo lo necesario o si eres del tipo de persona que es capaz de materializarla? Muchos afirmarán que cualquiera puede lograrlo; debo negar tal afirmación. Esto no es asunto de autoestima, sino de realidades.

Primero lo primero: ¿quién eres?

Las ideas de negocios están en cada uno de nosotros. Casi todas las personas que conozco de una u otra forma son capaces de identificar una actividad o emprendimiento que sueñan llevar a cabo, algunas veces con mucha inteligencia, algunas con más entusiasmo que conocimiento técnico y, en otros casos, sin ningún tipo de sentido. La respuesta está en cómo te enfrentas a la incertidumbre, a lo desconocido; este es el asunto que puede definitivamente marcar una diferencia. El primer tema por tomar en consideración es entender si realmente estás psicológica y profesionalmente capacitado para emprender. No es trivial. Una cosa es la preparación profesional, con la que puedes contar por anticipado o que puedes conseguir durante el proceso de crear y dirigir, y otra muy distinta es saber si estás preparado para enfrentar los retos de la puesta en marcha de tu idea en el mercado.

Si eres de aquellos que piensan que el hecho de estar empleado en una empresa que no fundaste, que no es de tu creación o de la que no podrás ser dueño es una desventaja en tu vida, podrías estar siendo presa de la idealización colectiva de ser el dueño de tu negocio como la única forma de alcanzar el éxito y la libertad personal. No necesariamente tiene por qué ser así. El emprendimiento no se limita a encarar un proyecto solo y por tu cuenta. Muchas veces la vida presenta oportunidades grandiosas que no están enmarcadas en el puro concepto de emprender por cuenta propia.

El emprendimiento puede tener diferentes lugares de oportunidad. Miles de estos casos han ocurrido dentro de grandes corporaciones, organismos e instituciones. Estos proyectos —internos— son en muchos casos tan importantes y relevantes para la sociedad como lo son proyectos empresariales personales, y sus creadores terminan recibiendo tantos o más laureles que si lo hubiesen intentado por cuenta propia.

Muchas veces, una iniciativa de tipo social o ambiental-ecológico y tantas otras que no son inherentes a la línea de negocios central de una empresa se puede desarrollar igualmente dentro de una organización sin necesidad de hacerlo separadamente, lo cual podría resultar ineficiente, lento y muchas veces financieramente imposible. El emprendimiento dentro de una organización se solapa en algunas oportunidades con el talento que haya demostrado un trabajador dentro de ella, haciéndolo internamente invisible, a veces sin intención, pero en muchos casos por mezquindad o competencia interna. Este es uno de los aspectos que generan mayor frustración en empleados creativos o hábiles en negocios dentro del entorno de trabajo. Por ello, se mide constantemente la capacidad de una compañía de retener su talento humano. Esta inexactitud al tratar de alinear los intereses personales y corporativos es el gran reto del área de recursos humanos. Que ese talento sea oportunamente reconocido es una de las más importantes virtudes de quienes dirigen una empresa, por pequeña o grande que sea. Del reconocimiento de un aporte sustancial y virtuoso por parte de un miembro de la organización depende casi siempre el proceso de innovación, la creación de nuevos negocios y la supervivencia de la empresa en un entorno que cada día se hace más competitivo y global. El emprendedor interno debe contar con el arrojo de exponer y vender para beneficio de la institución y el suyo.

Las historias de negocios más reconocidas y noticiosas son también las menos comunes. Su notoriedad es tal que parece que solo se trata de una receta de ideas y voluntad, cuando casi nunca es así. Seamos claros: genios son pocos y emprendedores podemos ser muchos. La publicidad que genera un negocio de grandes dimensiones y de crecimiento extraordinario también puede ser una fuente de desenfoque. He conocido a innumerables personas que han perdido el foco tratando de crear algo demasiado grande, cuando en realidad nunca comenzaron a construirlo, a pesar de que invirtieron numerosos recursos y tiempo en ello. Cuando digo construirlo no es solo sentar las bases de un modelo de negocios que parezca, en el papel, muy interesante. La prueba de fuego inicial es conseguir que alguien pague por él, es decir, que el mercado, cualquiera que sea, haya realizado una transferencia de recursos económicos que valide la necesidad planteada por el modelo, y si esta transferencia —venta— se ha realizado varias veces, entonces estamos realmente frente a un nuevo modelo de negocios. Todo lo demás son ideas, no importa si alguien ha pagado por ellas en calidad de inversionista, de fundador, amigo o familia. Lo verdaderamente importante, desde nuestra óptica, es que un cliente haya decidido pagar por el beneficio que le ofrece la validación real de que el modelo comenzó a existir en un mercado.

Muchas veces me he preguntado por qué si una persona es de reconocida trayectoria y su contribución como parte de una organización es sobresaliente, se empeña, sin embargo, en tratar de abandonar este camino para enfrentarse a algo nuevo y desconocido. ¿Es que acaso es un paradigma aquello de trabajar para ti mismo y no para otro? Considero que siempre se trabaja para uno mismo, solo que las expectativas de las historias que leemos son muy altas y logran generar la matriz de opinión de que solo haciéndolo por tu cuenta alcanzarás el éxito.

Todos contamos con talentos que no reconocemos y que, por lo tanto, no disfrutamos a cabalidad. Estas virtudes son de todo tipo y apenas unos pocos están ligados a la oportunidad de iniciar un negocio por cuenta propia. A medida que transcurre el siglo XXI, estos conceptos tienden a afianzarse más y más en la psiquis colectiva. Es todo un cambio de paradigmas con respecto a la sensación de éxito en la vida que predominaba en las clases trabajadoras a mediados del siglo pasado. La estabilidad era un concepto arraigado y aceptado como positivo en líneas generales; pertenecer de por vida a una empresa era una meta para un porcentaje alto de las clases trabajadoras de Occidente. No se trata de que no hubiese muchos innovadores; solo que no se percibía como negativo el hecho de pertenecer a algo más grande, de contribuir a ello y sentirlo como propio, aunque en el papel no fuese así. Veo con preocupación que estas nuevas generaciones miran el empleo como un "fracaso temporal". Incluso confirmo permanentemente que les cuesta reconocer el valor de la experiencia que van adquiriendo durante el proceso. Es como enfrentar la vida en una diatriba perenne: "mientras me independizo", lo cual puede ser válido para algunos, pero definitivamente no para todos.

Una clave no necesariamente universal para poder entender quién eres realmente consiste en comprender si tu meta logrará desconectarte completa y eficientemente de aquello que conforma tu fuente de sustento actual. O eres, por el contrario, de aquellos que caminan por la calle identificando oportunidades y nuevas ideas para su negocio sin desprenderse de su tranquilidad, de su zona de confort, para seguir adelante disfrutando de un momento de esparcimiento. En la decisión de separarte —con un plan— de tu sustento actual radica la voluntad real de emprender, y es ella la gasolina inicial para llevar adelante tu idea. Si ya lo hiciste, entonces colocaste la piedra angular de tu negocio. Este arrojo no es común, pero sí muy aplaudido entre grupos sociales cercanos, quienes, de acuerdo con la idea colectiva general, celebrarán el hecho de que lograste tu independencia. Cuidado. Un negocio consolidado requerirá mucho tiempo, no se puede evaluar en el corto plazo.

Si tu idea para emprender nació de un libro que dice: *¿Cómo trabajar solo 4 horas a la semana y hacerte rico?*, debo advertirte que es mejor que no emprendas. Si te vez reflejado, entonces tus ganas de emprender están más ligadas al descanso que al trabajo, demasiado edulcoradas por el futuro —siempre incierto— de la riqueza súbita y claramente estás desenfocado sobre quién eres en realidad. Esto incluye a todas las burbujas especulativas que han existido, claro está, cuando se convierten en una de ellas. No podemos negar que, generalmente, nacen del descubrimiento hecho por alguien de una nueva forma de ver la dinámica del mercado. Inmediatamente aparecen los flojos y los embaucadores a tratar de navegar en ellas; generalmente llegan tarde y, en la mayoría de los casos, con muy pocas ganas de trabajar.

Lo único cierto del emprendimiento que conozco es que el esfuerzo va mucho más allá de una jornada típica de trabajo; se mete de lleno en tus ratos de ocio, en tus sueños, en tus noches, fines de semana y vacaciones. Se requiere un alto grado de organización personal para limitarlo a un tiempo prudencial que nos permita tener una vida, hasta cierto punto normal, y no perder la salud en estrés excesivo o agotamiento laboral. Esas propuestas tipo promocionales de TV en horarios de publicidad barata o en propuestas de redes sociales que aparecen en tu teléfono celular a diario son un peligro para las personas y, muy especialmente, para los jóvenes o para aquellos quienes desean entregarse un poco más al descanso, con o sin razón. Ofrecen recetas mágicas que caricaturizan el trabajo duro o el empleo formal. No se trata de no querer hacer algo por tu cuenta, se trata de entender qué es lo que realmente está detrás de esas ansias de independizarte. ¿Independizarte de qué?, ¿del esfuerzo, del trabajo duro, de tu jefe o de la rutina? Cuidado, todos estos son terrenos peligrosos con un alto grado de probabilidades de fracaso.

Si lo tuyo es agotamiento, frustración, desengaño u otro tipo de inconveniente laboral, entonces tus opciones son varias, pero solo una de ellas consiste en emprender por cuenta propia. La respuesta a una frustración laboral no está siempre del lado del emprendimiento, así que es fundamental aclarar este punto antes de lanzarte a una empresa de la que probablemente no tienes mucho conocimiento.

Es fundamental definir y entender por ti mismo quién eres mucho antes de lanzarte al inicio de un negocio por cuenta propia. Pero si estás decidido a ponerlo todo al frente de tu nuevo proyecto, has hecho una evaluación muy profunda de cuáles son los riesgos que asumes y si esos riesgos han sido suficientemente explorados como para dar una respuesta irrebatible sobre la oportunidad que tienes al frente, entonces debes emprender. Esta decisión, también, puede estar vinculada a los sueños, a los gustos y a otras circunstancias que pueden ser armas de doble filo y que pasaremos a explorar más adelante.

Mucho se ha escrito del emprendimiento por necesidad o por convicción. No pasaré a describir al detalle estos temas, pero son definitivamente dos fuentes originarias del mismo. Me concentraré en el desarrollo de una idea en el ámbito de una empresa sin pretender abordar los temas vinculados a la economía informal o de guerra, debido a que en ambos casos se trata de oportunidades temporales que no representan un mercado a largo plazo, sino la oportunidad de cubrir una necesidad específica que está asociada a factores ajenos al mercado y muchas veces impulsada por situaciones políticas puntuales que tampoco pretendo cubrir. En todo caso debes saber que, finalizado el contexto circunstancial que le dio origen, impulsado por decisiones de carácter político o gubernamental, lo tuyo no tendrá ninguna oportunidad, deberás cazar una nueva situación de la que te beneficies temporalmente y así sucesivamente. Debo mencionar en este punto las oportunidades de riqueza que generan decisiones políticas como: controles de precio, controles de cambio o de convertibilidad monetaria, nuevos tipos arancelarios y tantas otras cuyo origen es siempre político y cambiante. Esas no son empresas: son oportunidades que algunos explotan con agresividad temporal y que no representan propuestas reales al mercado. Si te has hecho rico aprovechando una rendija especulativa no eres un empresario, no perteneces al mercado.

Considero que el verdadero emprendimiento está del lado de la convicción, sin pretender separarla de la necesidad. Esta última existe, está allí, uno o muchos son capaces de identificarla, pero se transforma en convicción cuando una idea es explotada y expuesta al mercado. Por supuesto que las carencias que tenemos día a día pueden concluir en un emprendimiento, sobre todo si hemos dejado de percibir los ingresos necesarios para subsistir. En este caso toma su papel protagónico el llamado emprendimiento por necesidad.

Si estás convencido de haber explorado la oportunidad de tu idea en el mercado y de haber obtenido respuestas acertadas a cada uno de los planteamientos que te has formulado, entonces estás en el camino de transformarla en realidad.

Seguramente surgirán momentos y situaciones en los que tendrás que sortear todo tipo de dificultades justo en el momento en que empiezas a poner tu idea en marcha. Estos tiempos de transición te obligarán a aferrarte al proyecto sin abandonar aquello que te ha permitido sostenerte económicamente. Son tiempos complejos que te harán pensar una y otra vez si debes seguir y hasta dónde debes asumir el nuevo riesgo. Probablemente estas circunstancias sobrevenidas te obligarán a invertir muchísimas más horas de trabajo de lo acostumbrado. Es en estos momentos en los que surgen los grandes empresarios y en los que muchos abandonan. No existe una receta de acción; de allí la complejidad, pero la persistencia y convicción parecen jugar un rol fundamental.

Pocos son los casos en los que se logra levantar un capital inicial suficiente para plantearte un salario desde el inicio. Si ese es el caso, te recomiendo que pienses muy bien si estás, consciente o inconscientemente, apuntando a sostener tus propios ingresos por encima del interés financiero de la empresa que estás fundando; ese también es un camino al fracaso. La honestidad, en este caso, permite mantener a los inversionistas tranquilos y a ti con la frente en alto y comandando tu embarcación. Este aspecto es muy relevante y es el causante de innumerables fracasos tempranos de una iniciativa empresarial, incluso cuando la idea era realmente pertinente. Los caballos deben ir delante de la carreta, no al revés.

He conocido muchos casos de supuestos emprendedores que en el fondo desean seguir ganando un salario pero sin tener que rendir cuentas a nadie. Su afán de emprender está orientado a lograr el mismo beneficio mes a mes, por encima de la realidad financiera de la empresa que se pretende fundar. Estos falsos emprendedores fracasan rápidamente; su habilidad para contar una buena idea es pronto suplantada por la realidad y la necesidad de mantener sus ingresos. Es común que esta actitud los deje sin trabajo y con una gran frustración personal. Resulta mucho peor de lo que al inicio se imaginaban, porque sencillamente es imposible eludir o zafarse de la rendición de cuentas. Es probable que durante un breve período no tengan que rendir cuentas a nadie, pero con seguridad tendrán que rendirse cuentas a sí mismos o a sus inversionistas, y mucho peor será hacerlo a sus parejas y familias cuando todo fracase.

Volvamos al inicio: debes preguntarte quién eres antes siquiera de contarle la idea a tu almohada. Si no lo haces, entrarás en una cadena de mentiras y fracasos. Ahora bien, si has determinado que eso es lo que realmente deseas y has hecho la tarea de evaluar, con métodos profesionales y no profesionales, aspectos técnicos del mercado de inversión, de finanzas y principalmente del modelo de negocios que tienes en tu mente, cuentas con la convicción necesaria, con los apoyos humanos y con la férrea voluntad de lograr tu objetivo en el tiempo (nunca inmediato), entonces, bienvenido, es la hora de emprender.

Desenfocado #2

Me fascina

Cuidado: la actividad profesional que está detrás de un negocio y la realidad vivencial del consumidor son muy diferentes entre sí. Es muy distinto el valor de mercado y empresarial del servicio o producto de la satisfacción personal que recibe un cliente. Este es un clásico error de emprendimiento. Un ejemplo típico de este desenfoque y probablemente el que más he escuchado a lo largo de mi vida es: "Quiero abrir un restaurante". Resulta muy claro que el placer de disfrutar de un buen restaurante, del agradable momento de compartir una cena romántica o entre amigos, o simplemente de disfrutar el placer de saborear una deliciosa cena genera una conexión inmediata con el paradigma del negocio ideal. Disfrute y placer son el producto que nos entrega el restaurante, pero el trabajo involucrado en el negocio es una cosa completamente diferente. Veamos. Una persona cuenta con tiempo libre para el esparcimiento y la recreación, que generalmente coincide con el que dispone el resto de los miembros de su familia y, por tanto, está estructuralmente programado para realizar cierto tipo de actividades en algunos momentos específicos de la semana, del mes y del año. Este tiempo libre es el que se emplea para ir a un restaurante a disfrutar un viernes por la noche, por ejemplo. Pero, mientras los clientes disfrutan de la comida, el restaurante está usando el tiempo de sus dueños, gerentes y empleados para entregar el producto que les genera ese placer.

Muchos de ustedes pensarán que este asunto es "obvio", pero debo advertirles que los desenfoques son así en la mayoría de los casos, "obvios"; por parecer evidentes no dejan de ser difusos, difíciles de identificar en el momento de tomar la decisión de emprender.

Igual es el caso de la persona a la que le encanta cocinar, pero no en la rutina diaria de la casa. Bien, cocinar para una ocasión especial con un grupo de amigos y descorchando una botella de vino sin duda puede ser un placer deseable y hasta cierto punto compartido por la mayoría de las personas. Sin embargo, confundir este *hobby* con el trabajo rutinario de atender un restaurante son temas diametralmente opuestos. He encontrado personas que aman cocinar en sus ratos libres, pero lo detestan como tarea de rutina en el hogar. No obstante, de pronto me consultan sobre la oportunidad que se les presentó de abrir un restaurante. Sí, así de confuso puede ser este asunto en la mente de una persona.

Otra variante de desenfoque a la hora de emprender un restaurante son los ciclos de ejecución del servicio. Este es el clásico negocio de picos operativos. Esto quiere decir que toda la acción que genera estrés y actividad intensa ocurre en un período relativamente corto durante el día. Por ejemplo: entre las siete y las nueve de la noche.

Ese tipo de empresa requiere un equipo humano que esté en la capacidad profesional de entender estos picos de trabajo y reaccionar adecuadamente a los mismos. Un "chef de casa" es una persona que, por lo general, se puede tomar todo el tiempo necesario para preparar una cena. Un chef profesional es un gerente de tiempo y calidad bajo presión constante, con muchos ayudantes que son sometidos a una intensa presión similar al mundo militar. Esto se puede verificar cuando se asiste a una cocina profesional en pleno pico de trabajo: el chef emite una orden y el empleado responde: "Sí, chef".

Un ejemplo clásico cuando hablamos de "lo que nos gusta" es el comercial. Esta frase la he oído tantas veces en mi vida que es imposible recordar un período en el que no haya sido consultado en los últimos diez años, por lo menos, y es el siguiente: "Voy a montar una tiendita de..."; el diminutivo es esencialmente una forma particular de expresar inocencia y prudencia, hasta cierto punto ingenua, muy típica del latino.

La actividad que se desarrolla en los centros de comercio es probablemente una de las que requieren mayor conocimiento previo en cuanto a mercado, segmentos, datos demográficos, etc. En este, como en todos los casos, las proyecciones financieras basadas en datos demográficos y estadísticos sobre poder adquisitivo y de locación son muy importantes para diferenciar entre lo que es una oportunidad de negocio de la simple satisfacción de vender algo que, como seres humanos, nos gusta o nos interesa. Y volvemos al ejemplo de los horarios y responsabilidades. Una tienda o establecimiento comercial suele tener sus picos de actividad durante el mes de diciembre, en el cual la mayoría de las personas se dedica al ajetreo de las fiestas y a la compra de regalos. Por ello, siempre es prudente analizar, desde el punto de vista humano, cuáles son esos picos de actividad que están relacionados con el negocio que piensas emprender, y si tu responsabilidad directa sobre el mismo implica un cambio radical en tu estilo de vida.

Ocurre entonces que un fanático de los automóviles es capaz de entregarlo todo por dedicarse al negocio de los autos; un fanático de la moda al negocio del *fashion*; y así podemos ir de sector en sector indefinidamente. Es interesante hacer aquí una distinción entre una necesidad imaginaria y una necesidad de mercado producto de la ceguera que produce la pasión de hacer lo que te gusta y, en consecuencia, diseñar un producto o servicio y la oportunidad real del mercado.

En el año 1993, a pesar de haber estado durante varios años en pleno ejercicio de mi profesión como abogado litigante en los tribunales, se me presentó la oportunidad de involucrarme en el negocio del submarinismo. Aquella aventura de hacer algo que me gustaba desde niño, que movía absolutamente todas las fibras de mi ser, pero hacerlo ahora de forma profesional se convirtió en una energía desbordada para alcanzar el objetivo que, en definitiva, logré. Fundé un 5 Stars Padi Dive Center (Professional Association of Diving Instructors Dive Center) en la isla de Margarita. Puse absolutamente todos mis ahorros en algo que me apasionaba y comencé a identificar la oportunidad de mercado. En aquellos años la isla de Margarita en Venezuela recibía turistas de todas partes, el aeropuerto internacional era un ajetreo constante de aviones comerciales que venían de cinco destinos de Estados Unidos y Canadá, ocho de Europa y los principales de Latinoamérica. Era una verdadera oportunidad para casi todo tipo de empresas comerciales o de servicios turísticos. Existían tres empresas del ramo y, a pesar de ello, me lancé al abismo. Un buen día recibimos a unos veinte buceadores de diferentes orígenes y comencé una agradable conversación con una pareja de italianos —de aproximadamente cincuenta años— dueños de un centro de submarinismo en Italia. Ellos estaban asombrados, no entendían cómo en una pequeña isla funcionaban tantas compañías dedicadas a ese minisegmento. Pero lo que más les asombraba era cómo podíamos mantener unos ocho empleados permanentes incluyendo instructores, maestros de buceo, ayudantes, etc. Obviamente, yo compartía mi tiempo entre Caracas y Margarita en actividades diametralmente opuestas. Esa conversación me hizo entender que aquello que me robaba el sueño y mis pocos ahorros no era más que haber volcado mi pasión por el mar en una actividad que para nada se correspondía con mi vida productiva y cotidiana. Resultaba tan grande el flujo de turistas a la isla que fue suficiente para que yo dimensionara toda una empresa compleja, llena de muchísima actividad operativa de la que no me podía hacer realmente cargo y que a los pocos años fracasó. En este caso, el éxito dependía de mi permanente presencia en ella y su tamaño imponía la necesidad de ocuparse a tiempo completo con menos empleados. Como me dijeron aquel importante día de mi vida: "en Italia nosotros dos tenemos que hacerlo todo".

Estos ejemplos de desenfoque en "lo que me gusta" se pueden evidenciar en cualquier actividad humana. Siempre podemos confundir el beneficio del producto o servicio que nos entregan con la actividad empresarial que se encuentra detrás del mismo. No me queda claro cuándo el placer de hacer lo que más te gusta se convierte en un poder diferenciador del producto o servicio que se pretende desarrollar, o cuándo este mismo gusto por algo puede convertirse en un tobogán al fracaso. La respuesta podría estar en si realmente la persona ha encontrado un nicho de mercado, ha logrado desarrollar un verdadero aporte al producto, ha inventado uno nuevo o si ha conseguido romper un paradigma de mercado de una forma eficiente. Podemos con frecuencia encontrarnos con explicaciones apasionadas sin ningún tipo de verdadero elemento diferenciador o con vagas percepciones del mercado, lo cual, por supuesto, constituye una clara señal de que se trata de un "desenfocado en lo que le gusta".

Es muy difícil hacer una justa separación entre la capacidad infinita de alguien que se dedica a lo que le gusta y lo realiza de una manera sobresaliente desde el punto de vista financiero empresarial y cuándo el gusto por algo en particular solo es capaz de desenfocar a quien lo intenta. En el caso de un emprendimiento de este tipo, el mejor consejo es elegir al asesor o asesores que permitan poner freno a lo que son simplemente gustos y tendencias personales y que te ayuden a identificar lo que realmente representa una oportunidad de negocios verificable. También es esencial comprender que este tipo de emprendimientos requiere una dedicación exclusiva, y debes estar claro en que muy probablemente tendrás que desprenderte de aquella que constituye tu fuente de ingresos actuales. Hacerlo a medias, tratando de no arriesgarlo todo, parece ser la ruta más segura al colapso. De este tema hablaremos más adelante, debido a que la selección de un asesor adecuado es uno de los elementos más difíciles al enfrentar este apasionante mundo de la creación de negocios.

Uno de los principales errores al tratar de llevar adelante un emprendimiento que se relacione con algo que nos agrada personalmente está determinado por la falta de análisis sobre las obligaciones personales que tendrá el emprendedor en cuanto a cómo cambia esta nueva gestión sus ritmos de vida. De este importante aspecto nos ocuparemos en el siguiente desenfoque.

Desenfocado #3

No me gustan
los números

Seguro que la frase anterior la has escuchado muchas veces o te la has repetido a ti mismo en muchas ocasiones. Quizás has buscado la forma de salirte del compromiso incluso antes de empezar el proyecto. Esta evasión puede ser tu principal enemigo, no tu idea. Si comienzas así, no funcionará.

Cuando se decide iniciar una empresa, lo común es que los tiempos de trabajo semanal, mensual y anual aumenten frecuentemente en días o épocas inusuales, lo que representa un reto personal. Algunos estarán ya preparados para asumir ese reto; sin embargo, lo que se deja de lado es prestar atención con detalle y adquirir el conocimiento necesario para asumir las diversas áreas de gestión, que son nuevas para el emprendedor en esta empresa, ahora que ha comenzado por cuenta propia. Una buena idea es una cosa y en muchos casos suficiente motivador, pero en la mayoría se subestima todo lo demás: administración, finanzas, tesorería, investigación, estrategia, mercadeo, recursos humanos, etc.

Es usual que el talento personal que un profesional logra aportar a una organización no pueda ser entregado de una manera eficiente en una iniciativa propia, incluso en la misma actividad en la cual se es exitoso como empleado o socio. La respuesta a esta desagradable realidad la encontramos al enfrentarnos a aspectos que anteriormente estaban diluidos en la organización. Un emprendedor debe encarar muchísimas áreas que en nada están relacionadas con el producto central de su habilidad profesional o creativa, con lo que podría quedar confundido en la transición y entorpecer el desarrollo de la empresa, debilitando la calidad del producto o servicio que se pretende crear, a pesar de haber sido exitoso con anterioridad.

La gestión diaria, si no es hábilmente comprendida, constituye una clara fuente de desenfoque. He sido testigo de algunos casos significativos de talentos en el área de desarrollo de aplicaciones tecnológicas para organizaciones consolidadas cuyos virtuosos ingenieros decidieron lanzarse al terreno del emprendimiento en su misma área. La mayoría de estos fracasan en definir los alcances del proyecto y rechazan las áreas de gestión diaria de un negocio. Al estar tan seguros de su área de conocimiento, sintieron que todo lo demás sería un asunto de abordar en su momento o que, como ya he explicado antes, alguien se ocuparía de eso.

He sido testigo de otros que han emprendido en su área de experticia y han tenido que apartarse del desarrollo del área en la que son expertos para entregársela a subalternos y dedicarse de lleno a la gestión diaria de la nueva organización. Es un desafío administrar el tiempo eficientemente y delegar todo aquello que no te desvíe de tu creación, pero no podrás dejarlo de lado y tendrás que afrontarlo quieras o no.

Es imprescindible entender la dimensión del emprendimiento que se pretende fundar en términos de las complejidades operativas del mismo, con la finalidad de poder prever las diferentes áreas de responsabilidad que serán necesarias para enfrentar una nueva empresa. El primer paso es entregar las funciones o competencias específicas con mucha honestidad a quienes sean realmente capaces de hacerlo, para separar el escaso tiempo del que generalmente se dispone y poder dedicarnos a aquello que mejor hacemos. Claro está, comprendiendo que al principio deberás tener tus ojos en todo, pero no necesariamente lo tendrás que hacer directamente. En el caso en el que sea pertinente que algunas funciones sean desempeñadas por el mismo emprendedor, debes entender que la gestión diaria restará tiempo para el desarrollo del producto central o servicio; por lo tanto, deberás delegar con criterio y acierto o utilizar muchísimas horas de trabajo, más de las que probablemente estás acostumbrado a emplear.

Debes reflexionar anticipadamente sobre este asunto porque, aunque te pueda resultar muy obvio, es muy común pretender hacerlo todo y solo apoyarte en personas de nivel inferior para poder justificar al principio costos bajos de operación, es decir, pagar sueldos a personas que no están necesariamente en la capacidad profesional de prestar con acierto el servicio que es requerido. Créeme, he estado allí muchas veces. Con frecuencia, esto se traduce en un producto o servicio mediocre o en un desorden financiero que podría llevar al fracaso de una maravillosa oportunidad. La clave está en la sensatez con la que se prepara la primera proyección de flujo de caja de la empresa, tanto en la estimación acertada de los costos como en la proyección realista de los ingresos, al igual que en la selección de los perfiles de recursos humanos necesarios. La falta de previsión se traducirá en un faltante de caja o en escasez de talento que sobrecargará la gestión del emprendedor.

Otro asunto que puede impactar esta gestión es un cambio significativo de la rutina a la que estás acostumbrado. Este cambio de actividad podría ser tan radical que te introduzca a un verdadero terreno desconocido en el que, probablemente, no estés en capacidad de anticipar los retos de la gestión diaria con total claridad. Supongamos que un contador público o abogado decide fundar un restaurante. No es extraño que hayan sido parte de un negocio similar y conozcan, desde su terreno de experiencia, los detalles contables o legales, decidiendo aventurarse o iniciar uno por cuenta propia. A pesar de contar con una amplia visión de los aspectos fundamentales del negocio, se enfrentan con una tormenta al iniciarlo. Una cosa muy diferente es encarar la gestión de una cocina, la procura de alimentos, la inestabilidad laboral del personal y los nuevos tiempos de trabajo. Mucho más difícil aún, para una persona ajena al negocio, es comprender que el negocio de la restauración es de picos de servicio. Estos picos ocurren en breves períodos del día y requieren una capacidad muy particular, como ya hemos expresado. En estos casos, el riesgo de fracaso por inadaptación de horarios ocurre con mucha frecuencia.

En los casos de cambio radical de actividad es muy común que se haya subestimado la alteración de horarios y tiempos de gestión del nuevo negocio en tu plan de vida. Es habitual que se hayan tomado todo tipo de previsiones de origen técnico, por ejemplo: capital de trabajo, flujos de caja, mercadeo y finanzas en general, más que en aquellos aspectos que tienen que ver con la vida personal del emprendedor, sus socios o colaboradores. Al restarle importancia a este aspecto, se comete el error de no discutirlo ampliamente con el entorno familiar. Llegado este punto no hay vuelta atrás, el cambio de horarios de trabajo puede repercutir negativamente en las relaciones personales, generando una causa adicional de tensión y estrés que puede culminar en el fracaso del proyecto, de la relación de pareja o de la familia.

Otro ejemplo ocurre cuando un empleado pretende iniciar por cuenta propia un negocio muy similar a la profesión que ejerce dentro de una organización de servicios profesionales, como por ejemplo una firma de abogados o contadores públicos. Aunque los horarios de trabajo sean similares, lo que con seguridad cambia es la certeza sobre los ingresos y las formas como será retribuido el servicio profesional. Una cosa es entender el producto final que entrega el profesional y otra muy distinta es la forma como se monetiza el servicio y se hace rentable para la organización a la que le presta sus servicios. Esto debido a que los riesgos financieros y costos se han trasladado desde la oficina de contadores para la cual prestaba sus servicios profesionales directamente a las manos del emprendedor. En este caso la gestión diaria parece, en el papel, muy similar a lo que siempre se ha hecho, aunque sin embargo no lo es. Este ejemplo sirve para cualquier área en la que resulta relativamente sencillo estimar los costos iniciales de tomar nuestro propio camino. Muchas veces, al tratarse de la apertura de una oficina, no se ven con claridad todos los costos involucrados, se subestiman generalmente los que se refieren a la búsqueda y alcance de nuevos clientes, es decir, al área de mercadeo y ventas de la firma. Esto, definitivamente, requerirá un significativo esfuerzo humano y financiero.

Este es el caso de firmas de abogados, contadores y auditores, agentes de seguros y viajes, firmas de estudios de mercado, agencias de publicidad, oficinas de diseño, suministros industriales, solo por mencionar algunos. Caso totalmente distinto es cuando se pretende replicar la industria a la que se pertenece; esto implica grandes aportes financieros y es motivo de análisis más complejos. El inicio de una industria conlleva, naturalmente, contar con muchísimos recursos humanos y financieros. Los tiempos que transcurren durante el período de diseño, construcción y puesta en marcha de una industria requieren mucha preparación y generalmente son abordados por organizaciones de mayor envergadura. Estos procedimientos se desarrollan con estrictos procesos previamente establecidos por otras industrias, cronogramas, tiempos y aportes de empresas que se suman al proyecto final de creación de una nueva industria. El caso que mejor puede ejemplificar este ejemplo es la industria petrolera. En ella, un sinfín de organizaciones de servicios técnicos y profesionales, así como otras industrias, suman esfuerzos en todas las etapas para lograr poner en marcha un complejo industrial que desempeñe un negocio de ese tamaño. Por lo que, en estos casos, es mucho menos probable que se cometan desvíos de desenfoque como los que aquí presentamos; sin embargo, y a pesar de que sea un gigante industrial, no está del todo protegido contra los riesgos de desenfoque en ninguno de los ejemplos que abordamos aquí.

En otros casos se trata solo de no haber comprendido el alcance e impacto personal que puede representar el nuevo emprendimiento en cuanto a las costumbres personales. Una persona habitualmente dedicada al esparcimiento durante los fines de semana, por ejemplo, debe considerar con mucha honestidad si esta costumbre puede realmente ser modificada por una actividad novedosa que ocupe esos tiempos de esparcimiento. Podría tener que modificar rutinas diarias que viene haciendo desde mucho tiempo atrás, y lo peor es que no haya previsto que su nueva profesión requerirá una nueva estrategia. Hay casos muy emblemáticos de rutinas personales que no se está dispuesto a cambiar. El tiempo dedicado al ejercicio diario, al deporte preferido, a la reunión con los amigos, etc., podría verse afectado por el emprendimiento y peor aún es que el emprendedor no esté dispuesto a modificarlo, lo que genera una falta en la responsabilidad que requiere su nueva empresa.

La manera como podemos evitar ser víctimas de este desenfoque es realizando un minucioso análisis de los procesos empresariales que están detrás del negocio que pretendemos iniciar. Una vez identificados todos los procesos, tiempos, turnos y circunstancias que están detrás de ese negocio en particular, se va a requerir mucha frialdad en la definición de los roles profesionales de los emprendedores para poder hacer una separación justa y racional de los tiempos de trabajo y las exigencias que implica el desarrollo del negocio.

He conocido cientos de personas que logran eficientemente cumplir con sus obligaciones de trabajo y no abandonar sus otras responsabilidades: sociales, recreativas o familiares. La disciplina en el uso del tiempo de forma eficiente constituye una clave fundamental y, aunque esto pudiese resultar muy repetido en todo tipo de textos sobre las claves del éxito, no lo puedo dejar de mencionar. El tiempo siempre estará conspirando en tu contra y lo debes dominar.

Es interesante ver cómo, en lugar de hacer una diferenciación de roles por área, algunos emprendedores logran sustituirse periódicamente en su puesto de trabajo sin que esto genere una confusión para el negocio o para los empleados. Un ejemplo de cómo enfrentar acertadamente este desenfoque es el caso de un importante supermercado que ha funcionado bajo este criterio durante más de treinta años. Debido a que la actividad nunca se detiene ni en fines de semana ni en días de fiesta, salvo en muy contadas excepciones, sus fundadores se entregaron la responsabilidad compartida en tiempo y no en funciones. Es así como se intercambian la dirección de la tienda, cubriendo cada uno el turno del otro durante fines de semana y otros festivos. Esto no es nada desconocido en el mundo de negocios grandes o pequeños. Lo interesante aquí es haber logrado el equilibrio sin generar fricciones de liderazgo durante tantos años. Ahora es una empresa con muchas tiendas exitosas con mucho prestigio y sospecho que aquello del "ojo del amo engorda el ganado" ha funcionado corporativamente. Esta idea funciona muy bien en empresas que gestionan servicios públicos e industriales entre empleados de similar jerarquía: los empleados solo cubren turnos, cumpliendo con los protocolos de entrada y salida sin poner en tela de juicio la autoridad compartida; lo difícil es lograrlo entre emprendedores. Resulta mucho mejor tener en cuenta estas posibles situaciones antes de encontrarse con una realidad personal compleja que, una vez que ha ocurrido, es muy difícil resolver.

Por otro lado, desenfocarse en la gestión diaria también consiste en ocuparse únicamente de los aspectos del día a día, dejando de lado todo el proceso creativo o de estrategia y, peor aún, delegándolo en quienes no tienen la pasión del fundador para continuarlo. Claro está, estamos suponiendo casos de empresas en sus etapas iniciales, porque en otras ya consolidadas estos centros de creatividad pueden ser el arma principal en sectores como el lujo. En estos casos, la designación de los directores creativos es la decisión vital de la alta gerencia y la gestión diaria es de gerentes capacitados. Eso no es lo que ocurre en etapas tempranas; suele ser lo contrario. Así, la Maison Chanel lleva el nombre de su creadora, *madame* Gabrielle *Coco* Chanel (1883-1971). Hoy su directora creativa es Virginie Viard (1962), la primera mujer que dirige la firma desde la propia Gabrielle en sucesión de Karl Lagerfeld (1933-2019), ambos diseñadores de primera línea mundial que no desempeñan las gerencias de gestión diaria a pesar de ser sus directores creativos y de ser permanentemente la cara frente al público y los medios; pero al inicio de Chanel, cuando apenas despuntaba el siglo XX, les aseguro que Coco lo hizo todo.

La gestión diaria, a pesar de haber sido seccionada en diferentes gerencias de negocios, implica adicionalmente una ampliación de los conocimientos que podemos tener sobre un negocio en particular. El caso más crítico resulta cuando el éxito financiero de la empresa implica la gestión de aspectos profesionales a los que un emprendedor no está acostumbrado. Supongamos que has decidido con éxito iniciar una nueva empresa y esta ha crecido a una tasa significativa anual, has contratado gerentes capacitados que cubran los aspectos financieros de la empresa y tu área de conocimiento no tiene nada que ver con las finanzas o la contabilidad. Debes comprender que todas las empresas en su crecimiento requieren que sus fundadores cuenten con un conocimiento que les permita entender estas importantes áreas; de lo contrario, tendrás que hacer actos de fe y creer en lo que te dicen, lo que te convertirá en un empresario muy vulnerable. Debes entender que, a pesar de haber sido exitoso, el crecimiento personal no termina nunca y no puedes seguir avanzando cómodamente a menos que inviertas tiempo en ti para adquirir las bases de conocimiento necesarias que quizás no son de tu interés, pero que son indispensables para seguir adelante. Este es un elemento central del éxito. Hago énfasis en el área contable porque, por las buenas o por las malas, comprenderás que "la contabilidad es el idioma de los negocios".

Este reto del conocimiento no se limita, por supuesto, a las finanzas; otro asunto vital es el mercadeo. El *marketing* es central en el desempeño de una empresa y la gestión diaria de esta se puede subestimar con facilidad. Es muy desafiante, como asesor, enfrentarse a la realidad según la cual, fuera de las gerencias especializadas, la mayoría de las personas confunden publicidad con mercadeo. Ambos conceptos sufren de una increíble falta de conocimiento. No es mi intención profundizar sobre estos conceptos, pero debo puntualizar que el mercadeo, que incluye la publicidad, es un área que requiere muchísima preparación y análisis. Esto ocurre comúnmente en emprendimientos de carácter industrial o técnico en los que los creadores tienen poco o nulo entendimiento profesional en esta área.

Menciono estas dos porque, en mi criterio, son las más críticas e indispensables, sin importar qué tipo de negocio o industria estés pensando iniciar: finanzas y mercadeo. Sin ellas no serás nada.

Desenfocado #4

Mi marca
será la mejor

S i no existe, por algo será. Esa debe ser la primera pregunta que tendrás que responderte. Una vez aclarada podrás continuar. La segunda pregunta será: si ya existen uno o varios actores en ese segmento, cuál es tu propuesta de valor, qué te hace diferente y a quién piensas atender con ese producto. Sin este análisis profundo del segmento perderás mucho dinero tratando de imponer tu producto o marca.

Este desenfoque no se limita a las características del trabajo por desempeñar únicamente, sino también al tamaño relativo y a la potencialidad del negocio en un tiempo y área determinados. Es así como se puede tratar de imponer un producto o servicio en un mercado que es inmaduro para asimilarlo, a menos que se pretenda competir en un mar de tiburones, es decir, repleto de competidores; o que se quiera "inventar el agua tibia"[3], algo que ya no tiene espacio u oportunidad para competir.

---

3   Expresión que hace referencia a lo innecesario que es crear algo que ya existe.

A lo largo de mi carrera he quedado cada día más comprometido con la teoría de la hipersegmentación o subclasificación de nichos de mercado. Entiendo este aspecto como una de las más grandes ventajas de inicio que puede tener una marca para lograr un posicionamiento rápido al crear su propia categoría de mercado. En este terreno se cometen errores muy comunes de desenfoque, por lo que conocer en profundidad la teoría de los subsegmentos de mercado será una ventaja que te ahorrará muchos dolores de cabeza y dinero.

El rumbo se pierde al no entender completamente los segmentos de mercados preexistentes en un sector de negocios determinado por el área geográfica y los aspectos demográficos del *target* objetivo. Muchas veces se sobreestima el tamaño del mercado, se deja de lado el análisis del poder adquisitivo o las características sociales de un lugar en particular.

A pesar de todo lo que se ha profundizado en los aspectos más resaltantes del mercadeo, entendiéndolos desde "La teoría de las cuatro (4) P" de Phillip Kotler[4], considerado universalmente como el padre del *marketing* y cuyos conceptos son esenciales en el proceso de mercadeo de una empresa, dichos aspectos ya no son suficientes para entender cómo se desempeñan los mercados en la actualidad. También cabe mencionar a uno de los más influyentes autores del *branding* y el posicionamiento de marcas, como lo es el profesor y asesor Al Ries (14/11/1926-07/10/2022), quien, al menos para mí,

---

4 De acuerdo con Kotler, las empresas mueren cuando una tecnología se vuelve obsoleta y se niega a innovar y adoptar un nuevo sistema. Para el profesor americano, las empresas no tienen elección: o innovan o salen del mapa de los consumidores.

ha hecho uno de los mayores aportes al conocimiento de la psicología del comprador, del comportamiento de las marcas y de los procesos que hay detrás de su posicionamiento.

Resulta sumamente importante tener la visión clara del segmento o la categoría a la que se dirige nuestra estrategia para no perder el foco tratando de imponer productos o servicios en un mercado sin el análisis detallado de los aspectos técnicos y, muy particularmente, de los aspectos psicológicos que pueden influir en una plaza a la hora en que un consumidor tome la decisión de comprar un producto. Al Ries y Laura Ries, en su libro *Las 22 leyes inmutables del mercadeo*, presentan la "ley de la categoría", la cual dice: "Si no puedes ser el primero en una categoría, crea una en la que puedas ser el primero"[5].

Veamos un ejemplo bastante claro para exponer esta idea. Supongamos que un emprendedor que vive en una ciudad (Z), con habitantes que disponen de recursos suficientes para adquirir y disfrutar productos de lujo, decide plantearse que los habitantes de esa ciudad son habituales compradores de una marca de carteras francesa (X) y que para poder adquirirlas deben realizar un largo viaje hasta los lugares donde están disponibles (Europa). Por tal razón supone que, luego de estimar el tamaño del mercado potencial y el poder adquisitivo de su *target* objetivo, acercar el producto hasta el lugar

---

5   Al Ries fue durante años mi referencia No.1 en *branding*. Tuve la oportunidad de escucharlo en persona a finales de los años noventa. Luego de mucho esfuerzo para conseguir un momento a solas con él, me presenté para felicitarlo en la salida de su área descanso en un prestigioso hotel. Conversamos apenas unos pocos minutos, que fueron suficientes, dada la admiración que le tuve y le tengo por su claridad y lucidez. Lamentablemente, falleció en octubre de 2022.

donde viven estas personas es una ventaja competitiva que le representará un avance como primer actor en ese segmento, en esa ciudad y para esa necesidad.

Supongamos que, adicionalmente a lo anterior, siendo la ciudad Z un lugar donde recientemente sus habitantes disponen de recursos excedentarios para comprar productos de lujo, su emprendimiento podría abrir todo un universo de opciones para su futura empresa. En este caso, el fundador utilizó premisas válidas y cuantificables recopilando información estadística de variables demográficas y de competencia, por lo que probablemente su idea sería novedosa y primera en su plaza, lo cual sin duda lo convertiría en referencia de mercado y le otorgaría las ventajas que la misma representa. Sin embargo, deja de lado el aspecto psicológico esencial que está atado al segmento del lujo, que no es otra que la experiencia de compra. En el competido y nada sencillo mundo del lujo, los elementos externos al producto en sí mismo juegan un rol fundamental que podría hacer que una idea novedosa de negocios planteada de forma pragmática sea un rotundo fracaso en un lugar o para un *target* determinado. Es así como esta experiencia de compra de una cartera de lujo, al igual que en muchos otros productos, tiene para un importante porcentaje de los potenciales clientes diferentes factores que influyen en la decisión de compra y que son sustanciales para el éxito, factores que podríamos clasificar en:

1. El producto en sí mismo.
2. La historia que cuentan el producto y la marca.

3. La experiencia de compra que lleva implícita.
4. El mensaje que entrega a los demás.

Estos cuatro conceptos pueden ser aplicados a prácticamente todos los productos y servicios que nos permiten definir con mayor claridad un subsegmento de mercado o subcategoría por explotar.

El producto en sí mismo

El valor intrínseco del producto depende de la calidad de materias primas y procesos técnicos/artesanales que se usaron para su confección. En el ejemplo en cuestión, la marca del producto goza de un prestigio incuestionable por su calidad. El fabricante emplea las mejores materias primas y utiliza artesanos muy calificados para su elaboración. Su belleza reconocida históricamente o inducida por las tendencias resulta de aceptación universal y es del conocimiento de su mercado objetivo, por lo que se trata de un producto apetecible al que aspira un segmento de la población con altos estándares de vida y contacto global, debido a la divulgación de la marca y al conocimiento que se tiene del mismo en la ciudad Z.

La historia que cuentan el producto y la marca

Los productos de lujos son inseparables de la historia que tienen que contarnos. Las referencias de la evolución de los productos que representan los más altos estándares de aceptación son así porque la historia de la empresa garantiza la entrega de productos de ese prestigio a lo largo del tiempo. En el segmento del lujo en particular, a diferencia de otros como los de vanguardia tecnológica, las empresas detrás de un artículo prestigioso generalmente son muy grandes y abarcan varias generaciones. La mayoría de las marcas de renombre mundial que son propiedad de consorcios de lujo multinacional mantienen la historia de cada una de ellas como un elemento central de su estrategia de mercadeo en sus establecimientos comerciales, catálogos y campañas de publicidad, como por ejemplo el grupo francés LVMH (Louis Vuitton Moët Hennessy), con más de setenta marcas dedicadas al consumo de lujo, entre las que se encuentran Christian Dior, Bvlgari y Tag Heuer. LVMH es un consorcio internacional de marcas de lujo dirigido por su fundador, hasta el momento el hombre más rico de Francia, Bernard Arnault. Otros ejemplos de empresas propietarias de varias marcas de renombre mundial siguen los pasos de LVMH, como lo son el grupo Richemont (Cartier, Van Cleef & Arpels, Dunhill, Montblanc, Chloé) y el Grupo Pinault Printemps (Gucci, Valenciaga, Bottega Venetta, Boucheron, Ives Saint Laurent), todos grupos empresariales que mantienen la filosofía de dejar contar a cada marca su propia historia. Cada una de ellas hace honor a sus fundadores originales y se halla separada del concepto de propiedad corporativa de la misma. Es decir, en este segmento del lujo, la historia tiene muchísimo valor; es un activo que se suma al prestigio del producto o viceversa. Esta narrativa se cuenta también en sus espacios originales, en sus lugares de creación o en el ambiente que se expresa en cada una de estas casas de lujo que sostienen la historia.

Esto a diferencia de otros tipos de consorcios industriales que hacen prevalecer el concepto de una gran marca: Johnson & Johnson, Procter & Gamble, Kraft, etc., sobre las submarcas de sus productos como líneas de extensión de marca, es decir, lo contrario a los ejemplos arriba explicados.

Queda claro entonces que, en el caso de la cartera X en la ciudad Z, el producto no es suficiente para generar una decisión de compra sin estar atado a la historia que lleva detrás y a otra serie de factores que mucho tienen que ver con el consumidor final y no tanto con el propio producto.

Los consumidores quieren ser parte de esa historia, quieren participar en su proceso de creación a través de su propia experiencia.

La experiencia de compra que lleva implícita

Los establecimientos comerciales dedicados al lujo generan un aura particular que, como ya dijimos, cuenta una historia y presenta productos de calidad. No obstante, adicionalmente, se valen de aspectos sensoriales que no se perciben inmediatamente, pero que están allí en esos espacios. El diseño interior sofisticado, cargado de materiales y colores que hacen referencia a la marca o su estética y a la aspiración de vivir experiencias que no son necesariamente habituales al consumidor son parte esencial en su toma de decisión final. La forma como han sido capacitados los vendedores, la forma como se expresan y la imagen que proyectan también son parte de la experiencia.

No todo lo que deseamos en nuestra vida queremos que sea de fácil acceso a nuestro entorno de vida cotidiana. Por lo que, en el caso de la cartera francesa, el hecho de tenerla cerca en la ciudad X podría no ser tan agradable para un comprador que quiere la experiencia de compra donde él o ella considera que le será extraordinario, incluso si el establecimiento comercial es igual o similar al original. Por ello, juega un papel principal identificar si el segmento elegido tiene oportunidad real en un territorio. Los productos que necesitamos cerca, muy cerca, son aquellos que están más del lado de las necesidades cotidianas que del placer. Los aspectos emocionales de la experiencia de compra más allá del hecho mismo podrían resultar importantes en la selección del segmento de mercado. Veamos: para una gran parte de los compradores de esa cartera, será mucho más interesante haberla adquirido en la plaza Vendôme de París que en la tienda de lujo de su ciudad.

La experiencia de compra está atada a factores sensoriales que van desde las sensaciones que produce la autenticidad del establecimiento y de su marca, como ya hemos explicado, hasta aspectos externos y vivenciales como viajar para adquirirla a su lugar de origen, donde es auténtica, y todo esto como parte del proceso de compra.

El mensaje que entrega a los demás

Seguimos añadiendo factores que podrían desenfocar el segmento de mercado que podemos abordar en un tiempo, espacio y producto determinado. La compra del bolso francés podría también contar una historia particular de quien lo adquirió. Las razones individuales que subyacen en cada persona son tan variadas que sería imposible expresarlas todas aquí. Pero, definitivamente, podemos sugerir algunas:

- "La compré original": denota la capacidad financiera del comprador.
- "La compré en mi viaje": vivencia, placer, viaje y lujo.
- "Representa mi imagen": autodefinición apoyada en la estética que trasmite.
- "Es mi gusto personal": identidad.

Todos estos mensajes podrían resultar superficiales para muchos, pero son más comunes de lo que habitualmente queremos aceptar. Los seres humanos competimos en todo, todo el tiempo.

La definición de este segmento de mercado de carteras de lujo francesas X, en la ciudad Z, como puedes ver, está sujeta a innumerables variables que no necesariamente apuntan directamente a los tradicionales conceptos del mercadeo clásico: plaza, producto, precio y promoción.

Todos estos aspectos tendrán que ser evaluados para cada segmento de mercado y cada oportunidad que se nos presente a lo largo de nuestra carrera. Para el caso en cuestión, el hecho de que no exista una determinada marca de bolsos de lujo franceses en una ciudad no necesariamente representa una oportunidad de mercado. Por otra parte, las mismas empresas creadoras y dueñas de las marcas darán los pasos para abrir nuevos mercados que se sumen a su posición de presencia global y abarcarán mercados no tradicionales que han alcanzado el poder adquisitivo suficiente para ofrecerles un producto como el explicado: Dubái, Shanghái, Hong Kong, Singapur.

Este tema me lleva a contarles una anécdota vivencial de niño. Recuerdo el caso de las galletas Oreo, las más famosas del mundo. Es el caso que, en Caracas, por los años setenta y ochenta, ya las galletas eran fabricadas en Venezuela por la casa matriz, pero los niños sabíamos que existía la posibilidad de adquirir las hechas en los Estados Unidos en algunos lugares, o bien eran traídas en el equipaje por viajeros al país. Era tema de conversación entre los niños y algunos adultos por igual, junto al placer particular que se sentía al probar una que venía de lejos en lugar de la fabricada en Venezuela. Eran la misma empresa, la misma galleta y la misma receta; sin embargo, todos afirmábamos que las otras eran mejores bajo los más variados argumentos. La galleta que había viajado desde tan lejos traía consigo ese sello de autenticidad total que no tenía la local. Hago la salvedad, para los expertos, de que en realidad existían dos recetas y la más oscura y grasosa (preferida) se conseguía con más facilidad en Estados Unidos que la más clara, que era distribuida en Latinoamérica. Sin embargo, el ejemplo aplica perfectamente para evidenciar cómo el comportamiento del consumidor varía tomando muy en cuenta factores tan externos como el lugar definitivo donde se produjo la compra o donde se fabricó un producto.

La hipersegmentación

Evitar la pérdida de foco relacionada con el segmento es una tarea titánica. Sin embargo, intento dar una visión inicial a algunos de los temas más resaltantes de este desenfoque.

El segmento es aquel espacio en el que un producto o servicio toma vida. Tanto en cuanto a la familia de productos o servicios a la que pertenece como a las necesidades del consumidor para el que está diseñado. El segmento puede ser muy amplio, por ejemplo: podemos mencionar bebidas refrescantes embotelladas. A este pertenecen un sinnúmero de familias de productos, por lo que diseñar un producto embotellado refrescante sin ninguna otra particularidad parece casi imposible debido al tamaño del segmento. Pero, una vez que decidimos incorporar nuestro producto a un segmento de mercado, podemos ir diferenciando características de cada familia de productos que lo hacen cada vez más específico, dirigirlo a un segmento cada vez más pequeño de consumidores que puedan quererlo y aceptarlo y, de allí, los valores específicos que contiene, que a su vez lo hacen interesante para un mercado cada vez mayor, dividiendo la torta de participación de mercado entre más marcas, más familias de productos, más especializaciones y más consumidores. Así podríamos imaginar familias de productos como lo son: aguas minerales embotelladas, sodas o refrescos azucarados y gasificados o ligeros, bebidas a base de cola, bebidas gasificadas con sabor a frutas, saborizadas, bebidas energéticas para deportistas, té o café frío, y así hasta el infinito. Pero detengámonos en las aguas minerales embotelladas. A partir de ese segmento gigante han surgido otras familias de productos cada vez más especializadas: aguas con gas carbónico, aguas con gas natural de la fuente, aguas gasificadas con sabores a cítricos con y sin gas, aguas de origen y fuente especializada de una región determinada (S.Pellegrino, fundada en Italia en 1899 y Evian, fundada en Francia en 1799), aguas con condiciones minerales particulares como fuentes de origen volcánico, aguas minerales de zonas remotas, aguas embotelladas por gigantes de la industria de alimentos (Nestlé, Coca-Cola, Pepsi), en este caso como líneas de extensión de marca y hasta aguas minerales de islas remotas como Fiji (Fiji Water, 1996).

Resulta asombroso comprender y validar cómo el mundo de las marcas se ha decidido a embotellar un producto tan básico como el agua que se consigue en todas partes y embarcarlo para hacerlo disponible, en algunos casos, en todo el mundo. El agua es el agua, y siempre ha estado allí. ¿Por qué puede entonces el producto más básico de todos recorrer el mundo, contar historias, especializar su origen, agregarle características propias, sabores y hasta ser filantrópico?

La hipersegmentación aquí consiste en reunir una serie de características únicas de estas aguas embotelladas y hacerlas tan específicas en patrón de sabor, en elementos propios y externos de su historia y de la compra subjetiva de la experiencia que representan que, a pesar de haber nacido en una región específica del mundo, como por ejemplo el agua Fiji, esta es ahora comercializada en más de sesenta países en un breve tiempo desde su creación. Este producto, en su página web, expresa:

"Fiji, más que agua". Desde un antiguo acuífero artesanal sostenible en la remota isla de Fiji, hasta más de 60 países en todo el mundo, Fiji water ha estado trayendo "el agua más fina de la Tierra al mundo desde 1996". En el camino, sus esfuerzos filantrópicos se han centrado en mejorar la vida de la gente de Fiji y proteger un lugar único al que llaman hogar.

Ahora bien, ¿cuáles son estas características que tiene el agua Fiji que hipersegmenta su mercado?

1. Origen remoto del agua más fina del mundo, Fiji, lo que denota poca o nula contaminación, pureza, rareza, origen único.
2. Fuente antigua y artesanal: que explica que el producto se embotella de forma poco industrial, lo que obviamente es muy cuestionable.
3. Producto sustentable: porque es renovable y permite explotarse de forma sostenible sin afectar el medio ambiente.

4. Producto filantrópico: porque ayuda a la vida de personas que viven en Fiji y el consumidor asume (sin pruebas) que estos viven en condiciones de desventaja con respecto al mundo occidental.

Estas cuatro características del producto lo hacen muy especial y único, por lo que, al definir su segmento, este sería: agua mineral de origen único y remoto, sin contaminación, pura, fina, de lujo, que se produce de forma sustentable y es amable con el medio ambiente y con los pobladores de la isla de Fiji. Es allí donde nace el hipersegmento o subcategoría que le dio una oportunidad en el mercado global. Podría decirse que el agua Fiji, en porcentaje de participación de mercado de aguas minerales embotelladas, puede compartir una supertorta de mercado con innumerables marcas, pero, por otro lado, en su nueva categoría seguramente es la número uno y eso le permite viajar y venderse en todo el mundo.

En el caso de las empresas tecnológicas, la hipersegmentación ocurre de manera automática producto de los algoritmos, que comienzan a comprender los patrones de búsqueda y consumo de los clientes a medida que interactúan con la plataforma. Estas empresas, entonces, comienzan a generar subtiendas que presentan productos que aparecen de forma involuntaria para tratar de alcanzar una transacción de un producto al comprender al cliente que navega de manera más específica y que está buscando un tipo de producto en familias de dichos productos. Estos son los casos de Amazon, Netflix, YouTube, Spotify, etc.

El proceso de especialización en un mercado particular, dirigido a un tipo de cliente específico, permite decantarlo hasta llegar a nichos de mercado más específicos y no por ello reducidos. Comenzar a explorar un área de negocios en la cual hemos estado pensando, haber encontrado nuestro espacio y poder entregar nuestro aporte al segmento con nuestra propia idea, haciéndola muy especializada, constituye una importante ventaja, sin lugar a duda.

Cada día es más difícil competir en segmentos amplios de mercado porque, a pesar de que siempre existe la posibilidad de sobrepasar las experiencias de actores previos, más grandes y estructurados, es muy difícil superar sus ventajas iniciales y la curva de experiencia alcanzada por ellos a través de los años. Igualmente, podrán usar su músculo financiero para tratar de borrarnos del mapa, cosa que no siempre es posible, pero que puede resultar muy costosa para ambas empresas. De allí la relevancia de encontrar ese espacio donde nuestra propuesta sea innovadora porque contribuya de una forma más eficiente a resolver una necesidad del mercado o porque cree una nueva necesidad aún no conocida o sentida por el mercado. Es mucho mejor competir donde no despiertes las alarmas de los jugadores tradicionales, donde hayas desarrollado una nueva tecnología que sea todavía invisible para la competencia o donde por lo menos no te tomen en cuenta porque aún no han comprendido el subsegmento que has creado.

Este tema ha sido profundizado brillantemente por autores de fama mundial que han logrado darle el matiz técnico. ¿Cómo podemos hacer un mapa de segmentación para encontrar nuestro océano azul?, así lo definen y exploran W. Chan Kim y Reneé Mauborgn en su famoso *bestseller*: *Blue Ocean Strategy*[6]. En la teoría expresada en este importante texto de consulta obligada, los autores se pasean por los aspectos técnicos que permitan crear un océano azul, es decir, un espacio libre de competencia en un segmento de mercado que puedas hacer tuyo y quizás convertirte en el número uno en el área especializada. La competencia y los mercados saturados son concebidos como océanos llenos de sangre y tiburones que se pelean de una forma agresiva por un pedazo del pastel, el cual pasa de un lado a otro según los vaivenes del mercado. En ellos, las estrategias se desenvuelven en el tiempo, tratando de conseguir a toda costa satisfacer las necesidades y gustos siempre cambiantes de los consumidores, generalmente a un ritmo agotador y muy poco estratégico. Por ello, según esta teoría, toda la estrategia se centra en identificar un agujero especializado, con características únicas que hagan que la competencia parezca irrelevante y que te permitan construir todo un océano en el que quizás serás el número uno.

Pero esto de la categoría nueva de la que te has apropiado es, en muchos casos, el trampolín a la conquista del segmento más grande o tradicional. Así de interesante resulta comprobar cómo una marca que ha creado un segmento, pequeño al principio, y que hizo propio a partir de los valores y diferencias que lo caracterizan,

---

6   "La estrategia del océano azul" representa la búsqueda simultánea de una alta diferenciación del producto y un bajo costo, lo que hace que la competencia sea irrelevante. El nombre "estrategia del océano azul" proviene del libro *Estrategia del océano azul: cómo crear un espacio de mercado sin oposición y hacer que la competencia sea irrelevante.*

comienza a tomar el pedazo de la torta de jugadores más grandes y consolidados, hasta el punto de poner a temblar sus cimientos. Esta afirmación no es hipotética; lo he vivenciado en proyectos propios que alcanzaron a desplazar en su nueva categoría a actores que dominaban el segmento más grande hasta apropiarse del original. Es como si el subconjunto se comenzara a comer desde adentro al conjunto que lo contiene y en algunos casos alcanzara y superara su tamaño original. Es así de fascinante.

Se puede concluir, de todo lo expuesto, que el reto del segmento o categoría es un elemento esencial en el proceso de creación y posterior inserción de un producto o servicio en un mercado. El tema ha sido tratado desde diferentes ángulos por muchísimos autores y asesores, como hemos podido evidenciar más arriba, pero al final se concluye en lo mismo, que he resumido como:

ADEMÁS DE TU PRODUCTO, INTENTA CREAR TU PROPIO SEGMENTO O CATEGORÍA, EN EL CUAL DIRIGIRÁS TU ESTRATEGIA DE MERCADEO A UNA AUDIENCIA DE CONSUMIDORES TAMBIÉN HIPERSEGMENTADA.

Desenfocado #5

Lo mío es
el dinero rápido

Si no te interesa o no entiendes el negocio que estás por empezar, estás muy desenfocado. Es difícil comenzar una empresa sin propósito, más allá del dinero o de la moda. Mucho peor es comenzar algo sin entenderlo o, por lo menos, sin la voluntad de investigarlo, solo esperando un rápido beneficio. Probablemente este sea uno de los terrenos más escabrosos por abordar, debido a la visión ultrapragmática de los negocios, según la cual no interesan tanto el o los temas en los que se aborde el emprendimiento; lo que es importante es su rentabilidad y, en muchos casos, preferiblemente súbita. No se trata de un mero romanticismo emprender en terrenos que resulten interesantes para el emprendedor, sino más bien comprender que, cuando se elige un segmento de moda, probablemente se ha llegado muy tarde.

Una frase muy común en las reuniones sociales es aquella que dice: "Lo que está dando ahora es..."[7]. Cuando una noticia está en boca de todos, estamos frente

---

7   Forma coloquial de expresar que un negocio produce dinero fácil y rápido en la realidad temporal de un mercado.

a una burbuja de especulación o frente a un mercado saturado. Es típico emprender en terrenos muy explotados en breve tiempo y esto es, en la mayoría de los casos, un error crucial de emprendimiento. Las ganancias súbitas de la burbuja de internet entre 1997 y 2003 generaron miles de ejemplos sobre este asunto. De un día para el otro, las personas abandonaban sus trabajos y empleos para lanzarse a "emprender" en internet. Surgían ideas por segundo y lo más llamativo del caso es que muchos se hicieron multimillonarios en pocos días.

De ese momento de la historia reciente del mundo de los negocios, y que me tocó vivir intensamente, recuerdo cómo grandes corporaciones regionales, bancos, medios de comunicación e inversionistas de pronto colocaron en el mercado grandes marcas de internet. Estas marcas, cuando se indagaba y profundizaba sobre a cuál negocio se dedicarían, siempre se obtenía la misma respuesta, una que hoy en día se considera absurda pero que, en tiempos de burbuja, sonaba muy respetable. Muchos decían que estaban construyendo un "portal de internet" y yo me preguntaba qué significaba todo aquello. Generalmente, el portal era definido como un lugar donde nuestros clientes podrían hacer prácticamente de todo: leer noticias, comprar regalos, revisar sus cuentas bancarias y, en general, hacer todo cuanto necesitasen en la nueva era del internet, apoyados y amparados exclusivamente bajo el paraguas de una gran marca existente. Sí, así de desenfocado y loco como probablemente te parece al leerme.

En realidad, la idea de la ganancia súbita, del casino bursátil se había apropiado de la mente de consumidores, empresarios e inversionistas, quienes sintieron la necesidad de no quedarse fuera del acontecimiento más importante del mundo tecnológico, pero siempre basados en la idea desenfocada de la ganancia y de no quedarse atrás, y no de la propia oportunidad de la idea propuesta. En muchos casos, estas empresas levantaron fortunas de capital de riesgo sin entender de qué forma generarían ingresos para la empresa y sus accionistas.

Sobre este tema debo comenzar expresando que la especulación también es un segmento, una categoría, y que puede subdividirse en tantas áreas y temas de negocios como puedan existir. Así, por ejemplo, si estás dedicado a comprar y vender empresas de consumo masivo, no necesariamente tienes o has tenido una intención real de fabricar un producto; sin embargo, has adquirido la técnica necesaria para evaluar el trabajo de otro y ponerlo en el mercado para obtener su beneficio. Es decir, que perteneces al segmento de la inversión.

El propósito de comenzar un emprendimiento puede estar ligado a diversas situaciones personales o empresariales; de ellas se debe desprender el convencimiento pleno de cubrir un espacio, y eso debe estar conectado a diversos *drivers* que nos lleven a diseñar un producto o servicio. Sostener el impulso sin tener claro lo que llaman las escuelas de negocios "la misión"[8] es complejo y muchas veces inútil.

Este desenfoque en la ganancia se puede orientar desde dos ángulos diferentes. El primero consiste en

---

8   La misión es lo que entrega la empresa al mercado, es su razón de ser, aquello que sus clientes extrañarían si no estuviera. La visión no debe ser solo generar ganancias para sus accionistas, esta se sobreentiende.

no contar con un interés legítimo sobre el producto o valor y solo verlo como un negocio de oportunidad. Y el segundo es estructurar la idea sobre la base del retorno esperado, y nada más.

La falta de interés real

Este consiste básicamente en participar en un área de negocios sobre la cual no se tiene ninguna experticia y, peor aún, sin ni siquiera entender de qué se trata. Los negocios que se abordan por la percepción de que generan una ganancia segura o inmediata suelen caer en el terreno del abandono en el mediano plazo. La falta de interés legítimo sobre el tema que se desarrolla suele desenfocar a quien(es) lo dirige(n), porque las premisas que lo crearon están desligadas de las del mercado.

Adicionalmente, la dispersión en la utilización de recursos en un negocio sin interés directo genera grandes oportunidades a la competencia; esta aprovecha el desvío de recursos para reforzar su posición, generalmente consiguiendo consolidar su espacio. Pero, a pesar de que algunos contados emprendimientos de este tipo han logrado subsistir, lo común es que casi nunca logren perpetuarse en el tiempo. Suelen ser abandonados tan pronto la ganancia de corto plazo no tiene lugar y generalmente saltan de este intento a otro bajo las mismas premisas.

Ejemplo típico de esta distracción es la prensa escrita durante todo el siglo XX. Si bien es cierto que la vocación periodística es una rama de interés humano universal, también es cierto que los empresarios o emprendedores en muchos casos estaban más concentrados en el poder que les otorgaba dominar la comunicación escrita y, en definitiva, las ganancias. Como consecuencia, miles de periódicos se crearon en el mundo entero con motivaciones diferentes a la noticia y la información. Los políticos los ven como catapultas a su popularidad para hacerse propaganda; algunos empresarios solo para satisfacer su ego y hasta para competir deslealmente en otros terrenos, y algunos otros como una estrategia de protección frente a compromisos fiscales o para intentar evadir la ley. Muy pocos, de los miles que se creaban, lograban permanecer como empresas sólidas y rentables en el tiempo. Por el contrario, los grandes medios, que estaban concentrados con interés legítimo en el hecho noticioso y de opinión, lograron ejercer su rol de cuarto poder durante décadas.

Dinero rápido

El segundo ángulo de este desenfoque en las ganancias ocurre cuando el emprendedor considera realizar todos los cálculos del precio final de su producto apoyado exclusivamente sobre el retorno esperado. Por supuesto que este es un aspecto técnico primordial: todos estamos obligados a estimar una tasa de retorno, pero el emprendedor enfocado en la ganancia podría tratar de penetrar un mercado competido con un precio nada atractivo para el público. La capacidad de planificar la proyección del aumento del retorno en el tiempo, y no como una situación de hecho asumida como cierta desde el primer día, podría abrir una gran oportunidad para la idea en su mercado. Estos aspectos técnicos sobre el retorno, como lo son las proyecciones financieras, no son objeto de este análisis y, por lo tanto, no pretendo profundizar sobre ellos. Es importante entender hasta dónde un emprendedor enfocado en las ganancias puede generar una distracción básica que impida conquistar un mercado y que no le permita competir adecuadamente por su pedazo del pastel.

Este último caso del "retorno esperado" es muy típico del mundo inmobiliario, en el que se cometen errores que han llevado a la quiebra a muchos, pero se venden como verdades casi absolutas y proyecciones seguras. Podríamos afirmar que la solidez con la que los inversionistas observan los bienes inmuebles, desde el punto de vista de la inversión, la trasladan sin mucho cuestionamiento a verdades cuando les son presentados en el papel proyectos por promotores inmobiliarios. Y en cierto modo tiene sentido, porque se piensa que el valor subyacente o residual del bien inmobiliario en cualquier situación de debacle financiera garantiza un mínimo de rescate a la hora de las grandes dificultades. No obstante, muchas veces se dan pasos aventurados en proyectos de promotores que están sujetos a los vaivenes del mercado como cualquier otro asunto de negocios. Los Estados han tenido que regular el marco jurídico que está detrás de esas promociones inmobiliarias, muchas de las cuales, presentadas con maquetas pomposas y grandes catálogos que solo existen en el papel, se convirtieron en grandes fiascos del sector. A menor regulación en este sentido, hay mucha más probabilidad de caer en una estafa o quiebra. Un ejemplo de ello son las REIT[9] (Real Estate Investment Trust) en Estados Unidos o SOCIMI[10] (Sociedad Cotizada Anónima de Inversión en el Mercado Inmobiliario) en España, que son fondos de inversión inmobiliaria que se constituyen para obtener rendimientos bursátiles del sector inmobiliario y que, debido a la historia de estafas, han sido creadas con el propósito de regular el sector de capital de riesgo en bienes raíces y limitar las consecuencias para el mercado en general.

En el terreno del emprendimiento temprano, este desenfoque en las ganancias puede provocar una cadena de desaciertos típicos de la inexperiencia. Muchas veces estos erróneos cálculos de retorno o de tiempo son motivados por la falta de previsión del capital realmente necesario para poner una idea en el mercado, es decir, cuánto dinero realmente se necesita para llevar a cabo la idea y por cuánto tiempo.

Estar desenfocado en las ganancias también es una consecuencia de estar desenfocado en el tiempo necesario para consolidar una empresa, como veremos más adelante.

---

9   REIT: (Real Estate Investment Trusts): son fondos de inversión en propiedades, hipotecas y otros productos inmobiliarios que se originaron a partir de 1960 y hoy están disponibles en más de sesenta países. Estos fondos facilitan el proceso de inversión de los interesados en valores que su sustentan en activos inmobiliarios y que por estar regulados cumplen con una serie de requisitos que protegen al inversionista de los vaivenes del mercado mediante diversificación de carteras y de las estafas de promotores inmobiliarios.

10   SOCIMI (Sociedad Cotizada Anónima de Inversión en el Mercado Inmobiliario): son fondos de inversión regulados por la ley 11/2009. Se han vuelto muy populares en España a partir del año 2013, principalmente por los beneficios fiscales que otorgan a los inversionistas en relación con los impuestos sobre beneficios, los cuales son mucho menores comparados con la inversión directa en bienes raíces.

El ludópata

¿Has pensado si es que acaso el casino es tu motivación? Estas tentaciones son más comunes en el terreno de la inversión de capital, donde se esperan resultados fuera de todo parámetro sensato y terminan en la quiebra de pequeños, medianos y grandes inversores, como algunos tristes y sonoros casos tales como:

- La crisis bancaria de Venezuela en 1994, que concluyó con la quiebra de aproximadamente veinte instituciones financieras. En medio de la locura financiera, los bancos llegaron a pagar tasas de rendimiento de hasta el 80 % anual.

- El escándalo liderado por Bernard Madoff, que logró embaucar a cientos de inversores de alto nivel a escala global, principalmente en los Estados Unidos, y afectar, en consecuencia, hasta tres millones de personas en su fraude financiero.

- El caso de Lehman Brothers, que destapa la crisis financiera de 2008, una de las más peligrosas y difíciles de la historia. Todos estos casos comparten una fuente común: la ganancia rápida y exagerada como impulsor de la inversión.

Sin embargo, en otros sectores de negocios esto también ocurre, y con mucha frecuencia, no necesariamente compartiendo la presencia de estafadores corporativos como en los casos anteriores, sino en la creencia de que se pueden obtener ganancias súbitas en determinados sectores de moda que caen en boca de todos y hacen creer, a quien no entra a tiempo, que perderá una posible y "segura" ganancia extraordinaria.

Es muy interesante contemplar la angustia con la que en innumerables ocasiones he sido consultado sobre mi opinión al respecto, y más interesante aún es verificar que, a pesar de no haber participado aún en la inversión, la ambición de esa ganancia les hace creer que ya están perdiendo dinero. Durante varios años los bonos de la estatal petrolera venezolana obtenían rendimientos de hasta el 60 % anual. Tales tasas de rendimiento representaban una manzana difícil de no morder. Empresarios y personas educadas en las mejores universidades me preguntaban sobre mi opinión al respecto y siempre respondí de igual forma: esas tasas de retorno solo son posibles porque la empresa y el Estado venezolano entrarán en impago —*default*—. No se trata de tener un conocimiento muy especializado el respecto, que no lo tengo; es solo aplicar el principio de que estas "oportunidades de inversión" implican un cuantioso riesgo y traen consigo una pérdida garantizada a largo plazo.

Los casinos son templos de pérdidas masivas y muy pocos ganadores controlados, con la única intención de que estos pocos rieguen la voz y aparezcan muchos más perdedores. Todas las burbujas especulativas, generalmente montadas sobre una nueva tecnología o descubrimiento, tienden a presentar el mismo esquema: pocos ganadores y muchísimos perdedores. Generalmente, los ganadores estaban participando anticipadamente del conocimiento técnico que les permitió navegar y crear un producto o servicio, pero todos los demás, en fila de espera y borrachos por la ganancia fácil, pierden.

La gran burbuja de las puntocom

A finales de los noventa todo comenzó a cambiar. El surgimiento del internet, acompañado de una increíble cantidad de jóvenes virtuosos que trataban de definir una nueva forma de ver el mundo, una forma de relacionarse y comunicarse entre las personas generaba todo tipo de iniciativas empresariales, la era de las puntocom. De esos momentos, recuerdo que esta nueva oleada de empresarios-emprendedores tenía que ponerle un nombre a todo. Uno novedoso, sonoro, interesante, que se convirtiera en un patrón de comportamiento de todos los que estábamos intentándolo en la nueva era del internet. Los conceptos tradicionales no lograban calar en medio de tanta velocidad y ganancias millonarias que se producían en cuestión de días, algunas veces en solo horas. "Emprendedor" fue la respuesta necesaria para lograr definir toda esta cantidad de noveles empresarios apoderados del internet, quienes se atrevieron a redefinir todo lo que hasta ese momento existía.

Los inversionistas, por su lado, comenzaron a navegar en la burbuja de especulación producto del exceso de dinero disponible en los mercados financieros. Ocuparon toda una serie de categorías novedosas de inversión. Ellos también necesitaban redefinirse con una terminología que le diera sentido a la audacia —casi suicida— de entrar, en cuestión de minutos, en todo tipo de negocios, todavía no probados, que aún no contaban con históricos financiero-contables, pero con todas las ganas de abarcar el mundo entero en cualquier segmento de negocio.

A principios de los 2000, emprender en internet ya era todo un *boom* especulativo mundial. De pronto, presentar una idea novedosa, por descabellada que fuese, era la nueva forma de conquistar el éxito. Se inventaron todo tipo de encuentros, ferias, exposiciones, premios para emborracharse de triunfo —aún inexistente—. Fue divertido, se perdió mucho tiempo, se estafó a mucha gente. De pronto, tenías los primeros martes de cada mes que ir a un encuentro, los viernes a otro, tres veces al año a entregas de premios otorgados por medios de comunicación o por una asociación creada apenas "minutos" atrás. Fiestas, lanzamientos, viajes, comparsas y cientos de conferencias de empresarios que existían —la mayoría— solo en papel y en portadas de revistas "especializadas".

De aquellos días me quedó clara una cosa: muchas personas que usaban la palabra "riesgo" no la entendían. No sabían que estaban asumiendo un verdadero peligro; eso era un océano de agallas hambrientas en medio de un mar de tiburones desesperados. Todo estaba mucho más cerca del azar del casino y de la capacidad histriónica del emprendedor que del desarrollo de una verdadera empresa.

En los primeros cinco años de este siglo XXI, eran tantas las historias de ganancias súbitas que todo era una locura. Los inversionistas ángeles eran más bien demonios, casi todos los emprendedores de ese tiempo eran farsantes; lo digo con responsabilidad y con la experiencia de haber compartido con cientos de ellos. No creían en aquello que emprendían, apostaban por conceptos que lograrían sobre el papel ganancias cuantiosas y empresas que pasaban de una mano a otra con solo enviar un modelo de negocios por *e-mail* y, en el mejor de los casos, en una carpeta, llena de proyecciones increíbles e inútiles. Algunos de los casos de esta época pasarán a la historia como los más grandes fiascos empresariales de la historia reciente. Todos ellos navegando dentro de una gran burbuja que, por suerte, explotó.

A todo se le puso un nombre o categoría. Si los primeros accionistas eran del entorno familiar del empresario, entonces eran primer círculo de *friends & family*, o *angels*. Los documentos eran *Teasers, one pager*[11], two pagers y todo tipo de planes de negocios (*Business plans*), terminologías que llegaban directamente de las escuelas de negocios. Todos pasaban el día repartiendo NDA (*non disclosure agreements*), acuerdos de confidencialidad que hacían firmar hasta a quienes veían entrar a una oficina a limpiar y se repartían como panfletos publicitarios a diestra y siniestra. Toda aquella terminología hacía de cada día una búsqueda constante de respuestas a temas que yo no manejaba, que no me eran conocidos. Adicionalmente, se sumaba toda la terminología propia del internet que estaba apenas naciendo y no contaba ni con cinco años de uso para los negocios: ODT (bases de datos *online*), HTML (*HyperText Markup Language*), navegadores, IT (*Information Technology*), SEO (*Search*

---

11 *One pager*: resumen de una iniciativa *start up* que se explica en una sola página.

Engine Optimization), UE experiencia de usuarios, CTR (*Click Through Rate*), etc. Esa convulsión económica, más todo el cumulo de información que asimilar en tiempos muy cortos, producía un gran estrés en todos quienes nos vimos inmersos en ese momento histórico. La mayoría de las veces, ese desafuero empresarial financiero lograba desenfocar los verdaderos objetivos de aquellos quienes en realidad trataban de levantar capital para su idea y exponerla a una audiencia de inversionistas de capital de riesgo que también eran nuevos.

No importaba si eras una empresa de tres personas con un mes de fundada, los medios te preguntaban sobre tu equipo de IT y si habías contratado a alguno de los grandes proveedores de *software*, que cobraban cientos de miles de dólares por un *software* que muy pocos necesitaban. A casi nadie le importaba si habías vendido un dólar, querían registrar su emprendimiento en Delaware, Estados Unidos. Debíamos tratar de escribir un plan de negocios de alcance regional o global, sin ninguna experiencia en el ramo que pretendíamos; bastaba con nuestro arrojo personal, alguna preparación académica y mucha, mucha labia.

Aquellos días, me encontraba junto con dos virtuosos socios y amigos comenzando un negocio: Luis Miguel Molina R. y Roberto Rivas W., esta vez, concentrados en tratar de rediseñar un negocio clásico: los avisos clasificados, que pretendíamos llevar a ese nuevo y maravilloso mundo del internet. Totalmente concentrados en hacer las propuestas para el mercado y no para los inversionistas, navegamos toda aquella burbuja entre 1998 y 2001 sin mucha gloria mediática, pero con mucho éxito empresarial. Nuestra empresa era, para los especialistas del momento: muy pequeña, muy local, poco escalable, muy real, muy vulnerable a la competencia, etc. No contábamos con el bagaje que nos permitiera realizar proyecciones de nuestro negocio a nivel global. Nosotros permanecimos enfocados en prestar un servicio y cobrar por ello. Muy pocos nos entendieron, pero el tiempo demostró que era un negocio rentable que mantenía felices a sus trabajadores y accionistas.

No cabe duda de que algunas de esas iniciativas lograron todo lo que se propusieron y más. Pero la gran mayoría produjeron estrepitosos fracasos. Fundadores repartiéndose lujos producto del dinero de los inversionistas, que a su vez se repartían ganancias de empresas inexistentes, absolutamente desenfocados en la ganancia súbita.

Desenfocado #6

Mi experiencia es suficiente

No estés tan seguro de que tu experiencia es suficiente: es más complejo de lo que parece. Detente y empieza como si fuese la primera vez. Utiliza todo tu potencial y conocimiento, pero no confíes en tus éxitos previos, más bien utiliza tus fracasos: te aportarán información relevante y evitarán muchas pérdidas.

En una oportunidad, me encontraba reunido con un asesor de inversión patrimonial para personas naturales y familia. Luego de una amena conversación sobre mi historia empresarial, el asesor lanzó una sentencia que no he podido olvidar: "Generalmente, a quienes han salido de un negocio exitoso y han realizado su patrimonio empresarial les es casi imposible empezar de nuevo y lo común es que fracasen". Lo relevante es que la persona que lo dijo vive de administrar e invertir el patrimonio de personas que han logrado acumular recursos financieros producto, generalmente, de un exitoso desempeño previo. Sin duda, esta sentencia dejó una cantidad de interrogantes en el ambiente y traté de abordar tantas como pude para lograr desentrañar semejante afirmación, que podía parecer muy cuestionable pero que, con el pasar de los años, he logrado corroborar. Son varios los aspectos que pueden venir asociados a esta realidad, común en los negocios pero que, sin duda, resulta muy probable para quien, desde la óptica de un éxito previo, vuelve a emprender. Tres casos emblemáticos de aquellos que buscan repetir el éxito previo:

- Quien quiere hacerlo exactamente igual otra vez en el mismo segmento de su éxito previo.
- Quien quiere dedicarse a otra categoría con las mismas premisas de ejecución de su éxito anterior.
- Quien pretende ampliar o exportar su modelo sin tomar verdadera conciencia de las variables locales en cada caso.

¿Hacerlo todo exactamente igual?

Este es un caso mucho más común de lo que podemos imaginar y surge en diferentes circunstancias. Un ejemplo es quien, a pesar de haber salido muy favorecido y de haber sido adquirido por un competidor u otra empresa, pretende volver a empezar el mismo negocio pensando que el valor agregado de la empresa que fundó no estaba en ella, sino en él mismo como fundador y emprendedor. Esta suposición común, por demás absurda, comienza por creer que el valor de la empresa, de sus marcas, de su cartera de clientes, de sus estrategias de distribución y fabricación no son suficientes y no son posibles sin su aporte personal. Ocurre igual con quien, estando dentro de una corporación o institución, pretende que puede iniciar un emprendimiento aparte por su cuenta, llevándose *know how*[12] de la empresa que ha contribuido a desarrollar sin pensar en los aspectos implícitos del mercado que esta ha desarrollado a lo largo del tiempo ni las ventajas competitivas tangibles de su desempeño.

En muchas oportunidades he sido contactado para casos como estos en los que se plantea, una vez abandonada la empresa, competir inmediatamente en el mismo negocio.

El caso más común es el de sociedades que han fracasado por disputas internas entre sus directores y accionistas. Esto despierta un espíritu de revancha, venganza y competencia increíble. Puedo contar que estas rivalidades se convierten a veces en un asunto visceral que termina por impulsar y desarrollar toda una industria; así, un par de antiguos socios se separan y comienzan una carrera de competencia, como es el caso de los fundadores de las cadenas de medios de comunicación en Venezuela durante la mitad el siglo XX: la Cadena Capriles y el Bloque Dearmas[13].

Histórico es el caso de la competencia de patentes que ocurrió a finales del siglo XIX en la floreciente

---

12   Se entiende *know how* como el conocimiento específico para realizar una tarea o el conjunto de experiencias acumuladas que permiten ejecutarla con habilidad comprobada.

13   Cadena Capriles —Miguel Ángel Capriles Ayala—, fundada en 1948. Bloque Dearmas —Armando de Armas Meléndez—, fundada en 1967. Fueron compañeros-socios en los inicios de sus notorias carreras como empresarios de medios y compitieron hasta el final de sus vidas, a finales del siglo XX.

industria eléctrica. La incursión de la electricidad como nueva tecnología lo había cambiado todo. Sus inventores, el estadounidense Thomas Alva Edison (1847-1931), el serbio Nikola Tesla (1856-1943) y el también estadounidense George Westinghouse (1847-1914) se embarcaron en una de las carreras de competencia empresarial más estudiadas y reconocidas de la historia. Como resultado de su ímpetu, le entregaron gigantescos avances tecnológicos a la humanidad, a tal punto que hoy no se concibe la vida sin sus inventos. La competencia desatada entre ellos, principalmente en el registro de patentes, los llevó a realizar prodigiosos avances y cuestionables acciones empresariales que incluyen la invención de la silla eléctrica para demostrar sus teorías.

En la carrera por volver a hacerlo todo otra vez, se dejan de lado innumerables elementos indispensables que son vitales e imposibles de descartar, como podrían ser activos, valores y recursos que no son transferibles automáticamente a otra organización, mucho menos descansando la decisión sobre el hecho de contar simplemente con el emprendedor original. El desarrollo exitoso de una empresa es mucho más que el aporte intelectual de sus fundadores; más bien es una cadena de aciertos en un tiempo y lugar dados, determinados por las circunstancias particulares de ese mercado.

Uno de los casos más comunes que he visto ocurre en la industria de los medios de comunicación. Estaciones de radio, por ejemplo, con amplias trayectorias, muchas veces se ven abandonadas por sus fundadores o por importantes empleados de estas. He constatado cómo la sola presencia de un emprendedor y una licencia de transmisión se valoran como suficientes para volver a empezar. Esto sin duda es relevante, pero no necesariamente prioritario. Restar crédito a la organización y a su historia es en realidad peligroso, y frecuentemente cuesta mucho convencerse de esta realidad hasta que se ha perdido demasiado. La experiencia previa puede ser un lastre que ralentice la adaptabilidad de un modelo a los nuevos tiempos, tecnologías y mercados, porque muchos se empeñan en repetir el modelo antes de contemplar nuevas realidades necesarias para competir en un entorno diferente.

¿Repetir los procesos?

Supongamos que un empresario logró fundar y gestionar exitosamente una empresa industrial de metalmecánica y logró un segmento especializado que le supuso grandes ganancias. Ahora este mismo emprendedor pretende iniciar un negocio industrial químico y, para su desarrollo, comienza a implementar las estrategias empresariales y de mercado que usó para su metalmecánica. No es despreciable el valor que representa la experiencia; por el contrario, esta es ampliamente necesaria. Sin embargo, dicha experiencia no debe usarse de forma literal, sino de manera tal que sean las mejores prácticas las que se apliquen, pero no los procesos exactos. Cada industria tiene sus particularidades y lo más determinante es que el mercado no es nunca igual; es como una encuesta; la oportunidad de negocios está delimitada en el espacio y en el tiempo;

es una fotografía histórica que en nada se parece a otro momento, segmento o localidad.

Imaginemos que la fuerza de venta de la industria metalmecánica recibe comisiones exclusivamente por ventas concretadas, la fuerza de venta está localizada en un centro de operaciones y la comisión de ventas es de entre el 0,5 % y 0,8 % de acuerdo con el desempeño del vendedor. Por otro lado, la fuerza de venta de la nueva empresa química debe tomar el mercado por zonas, para lo que deben repartirse los espacios geográficamente y en rutas territoriales bien establecidas. Es decir, ambas empresas presentan productos industriales, pero la dinámica de la venta y la naturaleza de los incentivos en el área de ventas ocurre de una forma totalmente distinta. Seguramente, en la primera, el costo variable de la venta (comisiones) arrojaba dentro de la estructura de costos del negocio un factor no determinante en la formación de la utilidad neta. Repetir el esquema de comisiones para la fuerza de venta en la industria química sería un grave error, porque el hecho comercial ocurre en circunstancias totalmente distintas. Hipotéticamente, en esa industria química, supongamos que el costo variable de la venta representa un porcentaje del 10 % de esta y, aunque tiene un peso diferente en los estados financieros, la rentabilidad es similar a la de la industria metalmecánica. Repetir un esquema comercial conocido y trasladarlo de una empresa a otra es un desastre. Esto parece muy obvio, y probablemente te estés preguntando: ¿cómo puede ocurrir en personas experimentadas que ya han transitado un éxito previo? Sin embargo, la realidad es que sí ocurre, debido a que quien dirige una nueva empresa trae consigo procedimientos que en muchas ocasiones son parte integral de su desempeño profesional, por lo que podría no percatarse de que está aplicando procesos y estrategias que vendrían a causar un grave daño en la gestión de negocios. Se repite en muchísimos casos, en todas las empresas y en todos sus departamentos.

Por ello, debemos contar con la conciencia plena de que empezar de nuevo requiere todo el análisis posible del entorno de negocios del segmento en el que vamos a participar, más allá de todos los conocimientos y realidades que pertenecen a nuestras experiencias. Mantener los ojos bien abiertos y nuestra mente ávidamente receptora de información durante un tiempo prudencial nos permitirá evitar errores de desenfoque antes de que tales errores nos hagan perder dinero, esfuerzo y tiempo.

¿Diferentes mercados, modelos idénticos?

Uno de los retos más difíciles en el mundo de los negocios es lograr expandir un negocio más allá de las fronteras territoriales del mercado en el cual obtuvo inicialmente su éxito. Generalmente, cuando se alcanza ese momento en el que una empresa trata de expandir sus mercados, ya no se trata de un emprendimiento, sino más bien de un modelo de negocios probado y de un plan estratégico bien concebido. Existen innumerables empresas que han exportado sus modelos y se han convertido en jugadores globales en su área. Más bien, me ocupa aquí el tema de las empresas en etapas iniciales de expansión que buscan conquistar nuevos mercados. El desconocimiento de un nuevo territorio implica complicadas premisas que deben ser evaluadas, para lo cual las empresas contemplan diferentes estrategias. Los estudios locales de mercado podrían ser la respuesta obvia de un especialista; sin embargo, las variables de producción, distribución, mercadeo, idiosincrasia, costumbres mercantiles, macroeconómicas, tasa de riesgo y de retorno, etc., son indispensables de analizar con anticipación y con muchísima humildad, incluyendo el siempre impredecible hecho político, que juega un rol determinante al cambiarlo todo cuando menos te lo esperas. Todo esto constituye un gran reto.

Durante los años de experiencia acumulada en la promoción de negocios con base tecnológica, he visto innumerables ejemplos de proyectos empresariales que simplemente repetían el modelo de negocios en uno y otro mercado con absoluta irresponsabilidad. En los años de desarrollo exponencial del valor de los proyectos con base en tecnologías soportadas sobre plataformas de internet, los emprendedores llevaban al papel las necesidades de múltiples mercados como si solo bastara el internet para neutralizar todos los aspectos del negocio. Más tarde comprendí que lo único que en realidad se buscaba era aumentar exponencialmente el valor en el papel para alcanzar valoraciones astronómicas sin ningún soporte histórico basado en estudios que fuesen siquiera mediocremente aceptables. Descartando esta estrategia distractora, muchos otros cometimos el error de descansar sobre nuestro modelo probado sin suficiente análisis del nuevo entorno y cometimos costosos errores. En otras oportunidades, la decisión fue incorporar socios locales en la nueva operación, incluso con participación patrimonial como la forma rápida de adquirir el conocimiento local que, de otra forma, habría supuesto grandes esfuerzos. En mi experiencia personal esta no es la única opción, pero sí una que en muchas ocasiones resulta acertada.

Pensar en la expansión de un negocio en el momento inadecuado, bajo las premisas equivocadas o sin el conocimiento necesario de un mercado en particular puede dar como resultado uno de los mayores riesgos y, por tanto, considerar el éxito de un modelo de negocios en un mercado particular puede resultar un claro ejemplo de desenfoque.

La subjetividad con la que se recibe el éxito, rodeado de las mieles del ego y el poder, son enemigos peligrosos en el proceso de crecimiento de una empresa. Solo enumero algunos de los casos en los que he constatado que dirigir una nueva aventura empresarial apoyado por el éxito pasado, sin el análisis minucioso de la realidad presente y de las particularidades de cada segmento tiempo y lugar es algo muy peligroso.

Esto se logra principalmente poniendo bajo el microscopio, en el análisis de las prácticas empresariales, el segmento existente en ese mercado particular o las costumbres comerciales de la necesidad que se pretende cubrir, y solo a partir de allí es posible comenzar a estructurar una estrategia propia y novedosa, y en ningún caso a la inversa.

El mercado nunca es igual; son contadas las semejanzas y muchas las diferencias. Lo seguro es que algo importante saben aquellos que han estado allí durante años.

Dijo Séneca: "Una persona inteligente se recupera pronto de un fracaso, un mediocre no se recupera nunca de un éxito"[14].

---

14   Lucio Anneo Séneca: filósofo, político, escritor y orador. Considerado como uno de los más importantes representantes del estoicismo (Córdoba, 4 a. C.-Roma, 65 d. C.).

Desenfocado #7

Imitando
a la competencia

Cuando tu competencia lanza una agresiva campaña de publicidad, como efecto inmediato se genera una situación de angustia en todo el equipo de tu empresa. Llegan a tu oficina gerentes, empleados; comentarios van y vienen, mensajes por las redes sociales que preguntan: "¿Viste lo que hizo la competencia?, ¿qué vamos a hacer?". Se convocan reuniones urgentes, se agita el ambiente; si eres el jefe, todos te miran esperando una respuesta. Si no tomas aire y calculas cuidadosamente tu próximo paso, te arruinarás.

Cuando tu producto ha sido descubierto por la competencia, ellos pueden caer en la ansiedad de reaccionar a las iniciativas de mercadeo, diseño o innovación de tu producto y viceversa. Esta reacción, en muchos casos, se orienta a repetir casi al detalle la estrategia del otro, y es allí como se cae en la distracción peligrosa de este desenfoque.

Las grandes marcas de consumo se pelean, usualmente, los espacios publicitarios que tienen un alcance masivo de audiencias en los medios. Muchos de ellos otorgan exclusividad en ese espacio. Por ejemplo, si

Pepsi patrocinara el Super Bowl (Supertazón de fútbol americano), entonces Coca-Cola quedaría fuera de ese espacio publicitario. Así ocurre con casi todos los segmentos de productos y servicios en eventos de este nivel y, casi siempre, el competidor intentará tomar otra iniciativa que represente un impacto similar. Esto es normal y común entre marcas de consumo masivo y de gran impacto comercial. El desenfoque ocurre cuando pretendes competir solo por imitación. Es decir, acceder al espacio —en este caso publicitario— solo para hacer una demostración e igualarte en publicidad al mismo nivel. Esta estrategia usualmente no logra desplazar a quien tomó la iniciativa y, por el contrario, solo consigue efectos internos en el ego de la empresa y sus ejecutivos, no en el mercado, casi siempre con muy pocos y pobres resultados.

El estudio minucioso de la competencia y de sus movimientos estratégicos es, evidentemente, un asunto de vital importancia. Es una tarea permanente que debe realizarse con gran astucia y muchísima data recopilada de las mejores fuentes a tu alcance. El análisis de esta data, expresada en gráficos, cuadros y conclusiones formales, resulta indispensable para poder tomar decisiones acertadas. En el caso de una nueva empresa, aún mucho más. Este proceso de análisis de la competencia debe recopilar, sistemáticamente, toda la información posible, almacenarla y procesarla adecuadamente como función primordial del mercadeo. Dicho esto, te preguntarás: ¿cómo es posible que una acción central de la estrategia de negocios pueda convertirse en una fuente de desenfoque? Pues así ocurre todo el tiempo.

Hay dos consecuencias muy negativas en este desenfoque que representan grandes riesgos; estas son:

La anulación de la innovación empresarial

Una organización depende en gran medida de su capacidad de innovar, tanto en la creación de sus productos como en las estrategias para competir y formar parte de un mercado. El proceso ansioso en el que un emprendedor somete a su equipo al análisis de la competencia con el propósito de estar a la altura de esta o del mercado probablemente es el que es necesario para innovar, mejorar y marcar una diferencia que permita crear o mejorar un producto de mayor impacto, una nueva fuente de negocios, o invertir el tiempo y los recursos privilegiando la concentración en la estrategia propia, por encima de las acciones de la competencia.

Generalmente, los recursos iniciales para la creación de una empresa —capital de trabajo— no son suficientes para poder diferenciar roles de personas específicos dentro de ella y comúnmente se superponen en una misma persona. La mayoría de las veces ocurre así —sin importar lo que digan los creadores de empresas de papel o académicos—, todo es muy limitado, incluyendo las personas. Al pretender tomar una participación de mercado en un segmento existente, naturalmente se incurre en una observación exagerada de la competencia y de allí nacen reacciones que no necesariamente contribuyen de una forma efectiva al proceso de innovación, que pueden caer en el terreno de la imitación; claro está, descartando aquellos procesos empresariales que están solo dedicados a la imitación de productos.

Podría asegurar que este desenfoque es uno de los mayores despilfarradores de dinero en el lanzamiento de iniciativas que han estado apoyadas en cuantiosos presupuestos de inversión inicial. Lo he visto personalmente en muchos países, en todo tipo de compañías y principalmente en aquellas que navegan sobre una burbuja de especulación o moda, tal como hemos explicado en este estudio.

Hay muchísima historia sobre la estrategia de copiar productos como modelo de negocios. Pero, a pesar de ello, recurrir a la copia de productos que han alcanzado un nivel de desarrollo o tecnologías superiores requiere muchos años, décadas incluso, como veremos más adelante.

A partir de la década de los años cuarenta, durante la posguerra, Japón dedicó muchísimo esfuerzo en imitar los productos, tecnologías y diseños de los gigantes industriales occidentales. Copió prácticamente todo. Al principio y durante mucho tiempo, los productos japoneses eran considerados de inferior calidad por los consumidores occidentales, quienes se burlaban literalmente en los medios de ese entonces, como la muy reciente TV. Esa situación comenzó paulatinamente a cambiar en la conciencia del mercado norteamericano. A finales de los años ochenta, algunas marcas japonesas comenzaron a tomar el liderazgo en segmentos masivos de mercado —lo que era prácticamente imposible de anticipar—, por ejemplo, en los automóviles, a pesar de que los primeros pasos los dieron gigantes innovadores unas décadas antes, como por ejemplo Toyota Motor Company, fundada por Kiichiro Toyoda en 1933, o Sōichirō Honda, quien agregó motores a bicicletas en 1946. Durante la primera mitad del siglo XX, era inconcebible que un estadounidense comprara una marca extranjera —excepto en el segmento de lujo personal—; aquello era como un insulto al espíritu norteamericano, y mucho menos a japoneses, quienes eran claramente sus enemigos, pero a finales del siglo esto ya no era así. Grandes marcas, como Toyota, Honda y Nissan, habían conseguido hacerse de algunos segmentos importantes del mercado y el espíritu emprendedor de estos y muchos otros japoneses no se detuvo jamás, con lo que lograron avances increíbles en el desarrollo tecnológico e industrial, al principio copiando a diestra y siniestra todo lo que les llegaba de Occidente y después desarrollando sus propios avances tecnológicos y penetración de mercados, algo en lo que han sido sobresalientes y exitosos. Lo mismo se evidenció en otros segmentos industriales como electrodomésticos, juguetes y muchísimas baratijas que se vendían como productos de segunda categoría. Taiwán, Corea del Sur, Singapur y Hong Kong siguieron sus pasos. Con el fracaso del modelo comunista chino para abastecer de alimentos a su población, llegó la reforma. Un modelo político híbrido, con libertades de mercado en zonas específicas, que ha logrado que ese país, durante los últimos años y con una clara estrategia de copia de tecnologías y productos propiciada por una ventaja competitiva relativa, sedujese a un número gigantesco de empresas occidentales, las cuales, de una forma poco comprensible, cedieron sus procesos y transfirieron su tecnología y conocimiento a ese país. Esta situación pareciera estar comenzando a cambiar en momentos en los que empieza a ralentizarse el avance industrial chino por falta de mercados para tantos productos. Y es que resulta, para mí, evidente que un país tan enorme, con una población de más de mil millones de seres humanos, tenga una capacidad casi infinita para seguir desarrollando empresas. El asunto clave aquí es que el mercado fuera de China tiene límites perfectamente medibles.

Se deben diferenciar los procesos empresariales descritos anteriormente, de copia pura y simple, de los procesos profesionales de análisis detallado de la competencia —*benchmarking*—[15]. Sin embargo, las conclusiones que se extraen de un proceso profesional de *benchmarking* o de un análisis de una empresa en formación pueden claramente distraer las energías de la empresa y sus recursos financieros.

He sido testigo de este proceso de desenfoque infinidad de veces. Lo podríamos definir como una reacción visceral a las estrategias y productos del competidor, al punto de olvidar tu propia creatividad y, por lo tanto, anular o disminuir la innovación o desempeño propios de la creatividad empresarial. Es allí donde radica la esencia de este desenfoque, en la anulación de la iniciativa y creatividad empresariales, desperdiciadas en la copia de las estrategias y productos de la competencia. En algunos casos, la distracción consiste en copiar productos o sus características y, en otros, en copiar su estrategia de

---

15   *Benchmarking*: proceso de análisis detallado de las estrategias, productos, tecnologías y mercadeo de la competencia, con la intención de obtener ventajas competitivas. Se entiende como *benchmark* a la empresa, producto o marca que lidera un segmento de mercado.

mercadeo y publicidad, como es el caso del ejemplo que describimos al inicio de este desenfoque. Por el contrario, lo que debe ocurrir luego del análisis de los pasos de la competencia es motorizar el criterio emprendedor y de desarrollo de nuestras propias estrategias, tomando aquello que te sea útil o indispensable, agregando todo el valor que puedas con tu equipo y desechando todo aquello que, después del análisis, consideres innecesario, irrelevante o incluso hasta absurdo.

Debe existir un equilibrio al reaccionar frente a tu competidor. No puedes lanzarte a la copia. Date un respiro, analiza sus pasos con data dura, toda la que puedas obtener, y mide el resultado de sus estrategias con base en una inspección sopesada. Solo así podrás entonces tomar decisiones que te eviten caer en el segundo peligro de este desenfoque, que se orienta a los peligros financieros del mismo.

La innovación es siempre una estrategia de subsistencia a largo plazo. Si te distraes y desvías la atención, habrás perdido tu mayor ventaja competitiva. Estarás probablemente copiando productos, campañas y estrategias, dejando de lado la posibilidad de convertirte en el líder de una empresa que cree su propio espacio y a la que otros tengan que imitar.

La distracción de recursos en la competencia

En algunos casos me he topado con empresas que han diseñado productos o estrategias de publicidad cuyo único objetivo era distraer a la competencia al punto de intentar comprometer su sostenibilidad financiera. Si ese objetivo se logra, entonces la distracción ha sido producto de un plan agresivo y exitoso. En otros casos, esta distracción ocurre sin que haya existido esa planificación específica; este es el más común de los casos que vamos a profundizar.

Uno de los mayores riesgos en la obsesión por la competencia consiste en desviar esfuerzos del equipo humano e imitar el producto de la competencia o su estrategia de mercadeo. Este segundo caso es muy común, porque el primero requiere mucha investigación, desarrollo y, en consecuencia, tiempo para poder copiar un producto. Esto solo es factible en el corto plazo en empresas con procesos industriales ligeros o en empresas de servicios, pero nunca en el desarrollo de empresas de procesos industriales pesados o muy técnicos.

Por el contrario, la copia de una estrategia publicitaria es mucho más sencilla, pero no por ello menos peligrosa. La primera reacción, al percatarnos de una fuerte presencia en medios masivos de nuestra competencia, es ocupar espacios similares que nos protejan de que nuestros competidores conquisten parte del mercado que hemos conseguido. No se limita a imitar la estrategia publicitaria. Esta actitud puede comprometer la supervivencia de la empresa incluso en el corto plazo, pues las decisiones se toman reactivamente y, por lo tanto, sin haber podido analizar el verdadero resultado que ha obtenido el competidor.

Recientemente, en Latinoamérica, hemos visto una acentuada presencia de las empresas dedicadas a impartir cursos de idiomas, con campañas de publicidad en medios masivos como televisión por cable. Es cierto que la globalización ha permitido una mayor apertura a este tipo de empresas que ofrecen distintos modelos de negocios para lograr que sus clientes consigan dominar un idioma como el inglés y que, adicionalmente, en algunos países se han creado políticas que han abierto una ventana de oportunidad única para poder promocionar este tipo de empresas educativas. No es menos relevante que un nuevo actor del mercado, como lo es la iniciativa OpenEnglish.com, con sus agresivas campañas publicitarias, haya generado una fuerte reacción en cadena de empresas establecidas desde hace tiempo en este rubro. Estos han percibido una amenaza cierta y han reaccionado ansiosamente bajo los criterios de igualar a la competencia. Empresas como EF, British Council y otras asumieron con rapidez el reto que les impuso el nuevo competidor. Durante los primeros años pude evidenciar la respuesta ansiosa de algunos competidores, quienes empezaron a replicar la estrategia de publicidad de Open English. Esa hiperactividad ha disminuido a través de los años, pero les aseguro que con devastadoras consecuencias en los estados financieros de todos los involucrados.

Esta guerra mediática de ofertas impulsada por Open English parece no tener fin: promociones permanentes y masivas, a tal punto que el mercado termina por no entender cuál es el valor real del producto. Si cada semana la empresa lanza nuevas ofertas (2 x 1, 50 % de descuento, un mes gratis, un curso gratis para un amigo, etc.), los consumidores quedan atrapados en un limbo en el que reconocen la marca, pero dudan de su verdadero valor. Y esto puede arrastrar a todos a una batalla de precios inútil. He llegado a pensar firmemente que ni la empresa misma, al sostener una estrategia como la descrita más arriba, conoce el precio de sus productos.

Por todo lo antes expuesto, podemos afirmar que es muy peligroso sostener durante un largo período una estrategia masiva de ofertas interminables. Terminan por socavar la credibilidad del valor real del producto, sin importar si realmente cumple con la oferta de venta al público. Y lo peor es la distracción de valiosos recursos en una guerra de campañas. Es mejor concentrarnos en nuestro propio nicho y consolidar las diferencias positivas frente al mercado creando nuestro propio espacio.

Las circunstancias arriba descritas generan grandes riesgos de desenfoque que pueden terminar con la distracción de un proyecto o estrategia de negocios, a tal punto que su propia supervivencia se vea comprometida en el tiempo. No se trata de un tema accesorio, debido a que es muy importante contar con el conocimiento claro de la estrategia de los demás actores del mercado, pero el empleo de recursos y de tiempo en la respuesta podría ser vital para enfrentar una amenaza real, o totalmente inútil para enfrentar solo una amenaza relativa o incluso inexistente.

Adicionalmente debemos contemplar la distracción de recursos humanos. Estos vaivenes desenfocan la estrategia y, en consecuencia, a las personas detrás de un producto. He visto cómo, en casos de reacción por pánico empresarial, algunas empresas suspenden toda una campaña y hacen que las agencias de publicidad contratadas deban tirar todo su esfuerzo a la basura sin siquiera haber probado el producto. Los ejecutivos que reaccionan de esta manera están en todas partes, pero si el caso es que el propio creador emprendedor o fundador cae en esta reacción, es muy difícil de controlar, a menos que realmente escuche a un experto que pueda enfocar su visión de mediano y largo plazo en lugar de obtener un resultado inmediato fuera de control.

No es que en realidad tus recursos hayan corrido a manos de la competencia; es mucho peor: son tus clientes los que pueden salir en desbandada siguiendo a quien dio el primer paso, evidenciando en el proceso que eres tú quien va detrás y tratas de igualarlo.

En el mundo de la tecnología esto es aún más complicado, porque las tecnologías, cuando logran dar un salto cuántico que quiebra los paradigmas que existieron hasta ese momento, no dejan lugar a otro camino que igualarlas. El caso más emblemático es cuando el internet pasó a ser el medio de interacción para todo. Pongamos un ejemplo en la industria del turismo. Una gran agencia de viajes era prácticamente la única forma de adquirir un boleto aéreo o un paquete de viajes. Al llegar el internet, todos los creadores de *software* para la industria pasaron a crear sendas plataformas en línea; sin embargo, no pasó mucho tiempo cuando nuevos actores tomaron por completo el mercado *online*: Expedia, Travelocity, Airbnb, HomeAway, Trivago, Despegar, Kayak, CheapOair, etc., algunas de ellas segmentadas para pasajes de avión, hoteles, paseos, autos de renta etc.

Los actores grandes del mercado no tenían otra cosa que correr a hacerse de la nueva tecnología; sin embargo, ya no era posible para las agencias de viajes competir en igualdad de condiciones con los nuevos gigantes. Habían dejado atrás a los tradicionales. Se invirtieron cantidades astronómicas para desplazar a los nuevos actores; campañas de publicidad corrían en todos los medios tratando de desvirtuar a los nuevos. Casi todo ese dinero fue a dar a la basura. Luego, con el paso de los años, todos construyeron su presencia *online*, pero dedicaron mayores esfuerzos en resaltar aquello que las plataformas digitales no podían lograr debido a su absoluta deshumanización de los procesos comerciales. Entonces, se crearon nuevos servicios en línea, como clubes de viajeros segmentados por categoría, por categorías de inversión o premios para conseguir la lealtad futura de los clientes, como puntos de viaje, acumulación de millas, etc. Las agencias de viajes han estado a punto de desaparecer desde entonces, sobre todo a medida que nuevas generaciones toman la posición de los viejos clientes tradicionales. Su única subsistencia radica en la creatividad más allá de la capacidad de los gigantescos motores de búsqueda y venta. Algunas lo han logrado con mucho éxito, pero infinidad de ellas cerraron para siempre.

En otros segmentos se repite la historia: agentes inmobiliarios, corredores de seguros, corredores de valores bursátiles y hasta supermercados con el *boom* del *delivery* (entregas a domicilio), que logró imponerse después de la pandemia de COVID-19 en el año 2020. Todos ellos han tenido que transformarse, principalmente reestructurando la identificación de sus valores diferenciadores de corto, mediano y largo plazo. Es así como, descubriendo verdaderos valores apetecibles por el público, logran su subsistencia sin abandonar la tecnología, pero más allá de ella.

Reaccionar para igualar a tu competidor sin haber medido el resultado de su estrategia es un desastre financiero y de mercadeo sin sentido.

Desenfocado #8

Comerte
el gran pastel

■ Estás seguro de que tu producto es mejor?: "más ¿ sabroso", "de mejor calidad", "más bonito", "mejor elaborado", "con mejores materiales", "con mejor equipo industrial", "más eficiente", "con menor costo", etc., son todas frases que escucho casi a diario. Sin embargo, todos esos "mejores", todas esas bondades y probables eficiencias son generalmente insuficientes. El valor que percibe el emprendedor al tratar de competir racionalmente en un mercado maduro de un segmento grande no es percibido de una forma similar por los consumidores. Lanzar un nuevo producto solo por sus ventajas técnicas o racionales es un error que todos de alguna forma u otra hemos cometido. A veces, esta supuesta ventaja competitiva se reduce simplemente al precio, lo que sin duda es atractivo, pero no suficiente. Este desenfoque ocurre cuando se ha menospreciado una serie de virtudes competitivas preexistentes o se ha subestimado la capacidad de reacción del producto dominante de ese gran segmento o pastel. Las guerras de competencia en la pelea por un segmento maduro son desgastantes, carísimas y muy difíciles de ganar. Imaginen el caso de Coca-Cola y Pepsi con un siglo de guerra sin fin.

Paso a exponer tres casos en los que se desestiman esas ventajas y se comete el error de competir de igual a igual en un supersegmento que es dominado por uno o más productos consolidados:

Desestimando el poder de la marca líder

Una gran marca ha logrado su espacio luego de muchos años de esfuerzo para conseguir su liderazgo. Durante la última década del siglo XX y primera década de este siglo, la compañía Starbucks logró una expansión de tiendas impresionante en muy breve tiempo. Para la mayoría de los consumidores, se trataba de una nueva marca que había logrado eficientemente conquistar mercados en todo el mundo, con una presencia relevante en las principales ciudades de los Estados Unidos, algo realmente impactante. Sin embargo, esta nueva moda del "vaso de cartón blanco y verde" en las manos de los jóvenes ejecutivos en todo el mundo contaba con una larga historia. La empresa se fundó en 1971 en la ciudad de Seattle. Diez años después, Howard Schultz entró a formar parte de la compañía, luego de visitar su tienda original de Pike Place, Seattle. Posteriormente, en 1983, en un viaje a la ciudad de Milán, allí Schultz entendió la verdadera oportunidad de cambiar el mercado de consumo de café hacia uno más sofisticado, con mayor conocimiento del producto y de una forma novedosa, inventando con el trascurso de los años todo un nuevo menú de nombres y recetas para identificar el café que hoy es parte del lenguaje universal. A finales de los ochenta, comenzó la verdadera expansión de la marca y sus tiendas. Hoy es un líder mundial en su concepto de vender café al estilo Starbucks. No dejo de asombrarme cada vez que valido cómo ahora todos piden un café "americano", lo que es casi una contradicción gastronómica, pero una genialidad inobjetable. Han transcurrido más de cincuenta años y aún parece una marca nueva del mercado. En este espacio novedoso creado por Starbucks es sumamente difícil competir tratando de tomar parte del pastel que ellos han creado con su larga experiencia. No es suficiente que tu café sea mejor, más barato o cualquier otra diferencia racional. Es un asunto de posicionamiento psicológico de una marca consolidada. Comerte su pastel no será sencillo ni económico. Hay temas de estatus, valores, percepciones y décadas de experiencia que debes considerar. Si decides lanzarte en la aventura de pelear un gran segmento con racionalidades competitivas estás desenfocado.

Competir en un mercado maduro contra un producto líder, que ofrece exactamente las mismas funcionalidades y capacidades es una tarea titánica. Esto empeora aún más si el emprendedor pretende apoyar su estrategia en alguna de las características convencionales del producto líder o de la categoría. El primer obstáculo es la virtud que tiene una marca de ocupar un espacio en la mente del consumidor, de pertenecer a un accionar típico de un mercado en particular que favorece lo conocido.

Muchos son los valores que sostienen a una marca apreciada y consolidada. Las marcas tienen la capacidad de sobrevivir por mucho tiempo. Esta afirmación es mucho más real cuando vamos a los casos más emblemáticos del consumo masivo. En este caso, resulta muy difícil romper con una tradición comercial que se ha trasmitido a veces incluso por varias generaciones, por lo que presentar un producto muy similar es un error. Veamos un ejemplo: si en tu casa se utilizaba, desde siempre, un determinado producto para lavar la ropa, al punto de que se use la marca como expresión del segmento: Ace/Tide (jabón para lavar ropa), entonces la tarea de desplazarla partirá por luchar contra el nombre (adoptado) del segmento. Otros ejemplos de marcas que han absorbido un segmento en diferentes momentos de la historia son: Gillette (hojillas de afeitar), Modess (toallas sanitarias), Colgate (pasta de dientes), Facilistas (queso americano rebanado), Philadelphia (queso crema), Google/*googlear* (buscador de internet).

Las ventajas de estas marcas líderes, al generar una identificación directa del segmento y la marca como la misma cosa, es que se adueñaron de todo el mercado o de una proporción muy alta del mismo. Esta posición, como es evidente, es casi imposible de doblegar. La fortaleza de la marca histórica y líder seguramente se trasmitió de una forma vivencial y directa a las nuevas generaciones, por lo que la oportunidad de navegar en ese oscuro océano es bastante compleja.

La forma más eficiente de abordar el reto, que representa un desenfoque al desear ocupar el espacio de un competidor consolidado desde el punto de vista de la marca, se encuentra del lado de la innovación. Por esta vía, el supersegmento dominante queda ocupando su lugar, mientras una nueva marca-producto se crea un espacio para comenzar a mover a los consumidores hacia otro territorio aún no explorado, pero que podría socavar las bases de la marca líder. Si logras crear otro producto novedoso que, en líneas generales, entregue el mismo servicio que uno existente e identificar la forma de adicionar alguna funcionalidad especializada que aún no esté representada en los productos existentes en ese segmento de mercado con una marca nueva que pueda de alguna forma identificar el nuevo nicho, entonces podrás especializarte creando un nuevo espacio. Esto es lo que se denomina hipersegmentación de un mercado especializado en una subcategoría, que no por ello será más pequeña. ¿Qué es lo maravilloso de todo este asunto? Que puedes crear tu propio espacio y territorio en el cual comunicar tu idea de uso del producto o servicio innovador.

Pongamos un ejemplo gráfico en el mismo caso del jabón de lavar ropa. Antes existían jabones para lavar ropa, así, grueso: lavar ropa. Este podría identificarse como el segmento madre, dentro del cual seguramente ya están consolidados dos o más jugadores que tienen negocios probados y que en una plaza determinada prestan el servicio de lavar ropa a sus clientes. Entonces vienen las nuevas categorías, por ejemplo: lavar ropa blanca. Aquí vemos cómo un nuevo actor toma un pedazo de la torta y le comunica su nuevo segmento al mercado. Si bien es cierto que existen jabones de lavar ropa, el de ellos es especializado en lavar ropa blanca. Es allí donde surge la gran oportunidad, porque, a pesar de pertenecer de hecho al mismo nicho de mercado, nació un subconjunto, una nueva categoría y su propio espacio, eso que W. Chan Kim y Renée Mauborgne han denominado "océano azul" en su *bestseller The Blue Ocean Strategy*. Es decir, un espacio donde puedes ser el número uno; y esto es lo que todos al final queremos lograr: ser el número uno. En este ejemplo, no solo se ha creado un espacio diferenciado para un nuevo producto, sino que, al fin y al cabo, este producto especializado logra llevarse una parte de la gran torta de jabones para lavar ropa. Es aquí cuando una nueva marca logra la magia de meterse en la mente del consumidor y este comienza a hacerse preguntas que antes no existían, por ejemplo: "¿Los demás jabones dañan la ropa blanca?". Increíble, así funciona. No solo en este sentido funciona el nuevo producto, sino que inconscientemente el presupuesto de compra de productos de limpieza crea un espacio, un apartado para la nueva categoría y, si eres el primero, listo, ganaste. Todo lo que el hombre ha creado está sometido a esta maravillosa ley que, a la vez, es la gran oportunidad. Estos ejemplos los podemos llevar a cualquier terreno: comercial, industrial, educativo, de servicios, de servicios profesionales e inclusive al gobierno. La especialización es la más grande oportunidad de una marca, la cual debe entender que si crea su propio espacio tendrá mucho mayor probabilidad de triunfar. Seguramente ahora mismo estás pensando en ese segmento de mercado que te interesa. Bien seas médico, abogado, comerciante, industrial, cocinero o artista, tu marca tendrá mucho más poder si logra ganarse su propio espacio.

Por otra parte, resulta muy poco virtuoso tratar de competir con una marca muy consolidada en su propio terreno, esgrimiendo la famosa consigna de "ese es bueno, pero el mío será mejor". No te dejes engañar por tu ego o por tu gusto: el mercado tiene mucho que decir sobre cuál será el espacio que te toca liderar. Incluso en la competencia actual, donde gigantes plataformas de internet se pelean audiencias, el espacio de los exitosos viene dado por la hipersegmentación de mercados; así, cada red social tiene su propia audiencia definida por la especialización: Facebook, la de unir amigos y familiares compartiendo información y fotos; Instagram, la de unir amigos compartiendo las imágenes del momento; X, la de alcanzar audiencias compartiendo información relevante en textos cortos; WKER, enviar mensajes encriptados, que se borran automáticamente, a una persona o comunidad; TikTok, la de compartir videos cortos... y así podemos ver que cada gran actor de las redes sociales ha venido creando su propio espacio que resuelve una necesidad previa o crea una nueva necesidad. Una vez allí, es casi imposible desplazarlos de su primer lugar.

Desestimando la curva de aprendizaje

Los procesos que involucra la creación de una nueva empresa con sus productos o servicios pasan por un indetenible desarrollo que se denomina *curva de aprendizaje*. Esta no es otra cosa que haber cometido errores y haber llevado a cabo importantes ajustes, muchos de los cuales nunca estuvieron previstos en los planes originales ni en los peores escenarios. Si estos no se toman en consideración, lo más seguro es que se termine por entregar un producto similar pero no necesariamente relevante para el consumidor. Estos procesos son costosos y a veces las empresas no logran sobrevivir a los errores estructurales iniciales, a los paradigmas que el mercado viene entendiendo como propios o a la voluntad cierta del emprendedor de hacer los ajustes necesarios para que su visión logre conseguir los objetivos planteados.

La curva de aprendizaje, como dijimos, es permanente. El proceso nunca termina del todo. Las variables propias de la economía, la aparición de nuevos actores y la innovación tecnológica son aspectos centrales de este proceso de adaptaciones y descubrimientos permanentes. Sin embargo, existe un período en el que estos aprendizajes son de vida o muerte. Y este período es denominado el valle muerto (*death valley*), entendido como el período donde una empresa ya está en marcha, es decir, comenzó sus operaciones, pero aún no ha recibido ingresos por ventas. En este crítico tiempo, la empresa debe tener muy afinados sus procesos de aprendizaje temprano para evitar esfuerzos o gastos innecesarios o no planificados. También resulta indispensable que la gerencia esté abierta y atenta a realizar correcciones tempranas vitales con miras a alcanzar el anhelado punto de equilibrio. Un actor consolidado en un mercado ya los pasó. Este ya ha logrado traspasar la frontera de tiempo en la que su empresa ha podido sucumbir en un fracaso temprano y ha impuesto su producto en el mercado[16]. Esta curva de aprendizaje en el tiempo termina por convertirse en el muy codiciado *know how*, que es ese activo vital con el que cuenta la organización y que no se ve necesariamente reflejado en sus finanzas, a menos que tenga forma de patentes de invención o diseño[17].

Lanzar una prueba del producto o servicio limitada y anticipadamente para tratar de entender su comportamiento real en un mercado pequeño o especializado puede ser una estrategia para darle oportunidad a la curva de aprendizajes que está por entregarnos su puesta en escena. Generalmente, estas oportunidades solo las tienen las empresas ya establecidas, quienes pueden pagar esa apuesta sobre sus finanzas consolidadas. A partir de allí, se puede aprender mucho y entonces realizar ajustes necesarios para anticipar errores hacia una presencia masiva en un mercado más grande, lo que puede significar grandes pérdidas financieras o incluso una falla temprana terminal si se lanza todo a la vez. Esto, por supuesto, no es aplicable a todos los casos, productos y estrategias, pero he visto a muchas empresas realizar estas pruebas a través de los años.

---

16   El proceso por el cual transita una empresa en sus etapas iniciales (*startup*) es a menudo comparado con un viaje a través de un terreno lleno de valles y picos. Así, los picos son identificados como momentos de crecimiento y decrecimiento y los valles como períodos de estancamiento. En el caso del valle muerto, los ingresos por ventas no han llegado a la empresa y esta subsiste por los fondos aportados como capital inicial por los inversores. Es un período crítico que requiere cálculos honestos de tiempo y distribución acertada de gastos para poder alcanzar el segundo estadio ideal, que es el punto de equilibrio.

17   El "saber cómo" o *know how* implica desde los más específicos procesos industriales, investigación y desarrollo, hasta todas las áreas centrales de una empresa: finanzas mercadeo, distribución, etc.

Durante los primeros tiempos de una empresa, es absolutamente vital mantenerse alerta a estas advertencias y consejos que nos entrega el desempeño de la gestión de negocios y hacer caso a las señales que nos permitan identificar un aprendizaje para ir superando obstáculos en todo momento. Podemos dividir en dos grandes grupos esta curva de conocimiento: de producto y de mercado.

La curva de producto son los conocimientos que adquirimos en el proceso de fabricación o definición de servicios: las trabas, ajustes indispensables y cuellos de botella que se presentan en los procesos de fabricación y puesta en marcha de procesos industriales o de definición de servicios: encontrar a tiempo cuáles son esas dificultades y que los miembros del equipo técnico logren identificarlas oportunamente para realizar las correcciones necesarias. Estas experiencias tienen mil caras, por ejemplo: la sobreestimación de las capacidades de producción, de los sistemas de atención al cliente, de la infraestructura de equipos necesaria, plataformas tecnológicas, patentes o permisos, los recursos humanos necesarios y de todos aquellos costos innecesarios o redundantes.

La curva de mercado es el resultado del conocimiento alcanzado a través de la exposición de nuestros productos y servicios al mercado. En ellos resaltan ajustes de funcionamiento, de estética, de diseño, de uso, de aceptación temprana, etc.: la necesidad de salas de ventas, vendedores, demostraciones audiovisuales, cambios de rutas de distribución, esquemas de comisiones y participaciones en las diferentes etapas de la cadena de producción, distribución y venta al detal y así infinidad de experiencias. La presencia de todas estas circunstancias no sirve de nada si no se tiene una actitud abierta de análisis y corrección en cada caso que sea necesario. De lo acertado de este proceso nace el *know how*, ya adquirido y por adquirir. En tiempos donde todo cambia con tanta velocidad, es imposible sostener procesos y productos de una manera permanente, sin cambios. Es así como las empresas tienen que asumir nuevas líneas de productos o, de tiempo en tiempo, refrescamiento de marcas para que se ajusten a las nuevas circunstancias o necesidades de los consumidores.

Otra ventana de oportunidad consiste en sobreestimar los costos y penetrar con márgenes muy competitivos, sacrificando parte de su flujo de caja y poniendo a prueba la plaza. La teoría de precios es un área muy específica y compleja que podría llevar a desenfocar el objetivo de este texto. En cualquier caso, debe considerarse que los actores presentes en un segmento en particular han transitado una curva de aprendizaje de la que podrías sacar ventaja si sabes identificar las oportunidades que se presentan del conocimiento disponible.

Pongamos un ejemplo sencillo. Hace muy poco abrió sus puertas un restaurante que tuvo un éxito bastante interesante desde el principio. Es una propuesta gastronómica italiana sencilla con procesos muy artesanales en la elaboración de pizzas. Un lugar muy agradable, con una cocina abierta y un personal bien entrenado. El caso es que cuando entré la primera vez no noté nada en particular, solo que, a medida que iban entrando más personas, el ruido interno de las conversaciones se hacía insoportable. Es claro que, aunque los propios clientes no lo noten, esta situación comienza a generar una sensación de incomodidad que la mayoría no logra identificar. Pensé enseguida que sería muy difícil que esta propuesta, que viene a competir en un supersegmento como lo es la cocina italiana, lograra permanecer en el tiempo si no se llevan a cabo los ajustes necesarios. En realidad, su propuesta estaba muy bien diferenciada del resto, con lo que sin duda tendría su espacio en el mercado. Para mi sorpresa, unos meses después asistí de nuevo al mismo restaurante. Pude percatarme de que ese tema de rebote del sonido del restaurante debido a la falta de conocimiento arquitectónico acústico del lugar había sido totalmente resuelto mediante la incorporación de elementos en sus techos que absorben o desvían las conversaciones de los comensales y de la música ambiental que estaban causando el problema. Queda claro que, a pesar del éxito inicial, ellos lograron hacer las correcciones que el mercado y la experiencia les dio en los primeros meses, tomaron las medidas necesarias y no perdieron todo el esfuerzo por un tema que podría considerarse accesorio o irrelevante frente a la compleja puesta en marcha de un restaurante. Pueden entonces seguir compitiendo en el segmento elegido con su propia comida, ambiente y servicio.

No se trata solo entonces de la propuesta hipersegmentada, sino de valorar permanentemente la curva de aprendizaje para poder hacerla cada vez más factible y adaptada a ese nuevo universo de clientes que están allí esperando por ella.

Desestimando la economía de escala

El tamaño sí importa. Aún más cuando pasamos a analizar por qué un producto se ha convertido en el líder de un segmento de mercado, cuáles son los factores que le permiten contar con un cierto nivel de calidad, una valoración positiva de los consumidores, buenos precios, etc. Generalmente, la respuesta está asociada a la economía de escala de sus procesos o mercados. Esta permite disminuir costos en procesos que, por su escala, son imposibles para competidores más pequeños o menos experimentados. Esta es una bandera roja de advertencia cuando intentamos competir en un supersegmento. La escala permite a los grandes negociar con ventajas todos los costos asociados a su empresa, tanto a nivel de materias primas como de proveedores de tecnologías y servicios profesionales de toda índole. Incluso les permite obtener beneficios fiscales y hasta de autoridad.

El mayor riesgo está en subestimar la economía de escala que está detrás de nuestra competencia y asumir, sin un análisis detallado, que podemos igualar su estructura de costos y lanzarnos a pelear en un nicho gigante. Esta escala es lo que le permite al competidor existente entregar precios que parecen razonables y que, a la hora de calcular en una escala diferente, resultan imposibles para el nuevo empresario. El ejemplo más sencillo es la capacidad instalada de producción de un producto específico debido al tamaño, que le ha permitido acceder a tecnologías más eficientes que, por lo general, producen el mismo producto en mayores volúmenes a menores costos. Es igualmente notoria la ventaja al cuantificar la inversión de capital de arranque de la operación que permite la economía ventajosa por el tamaño y su escala. Un pionero logra en algunos casos ventajas de escala totalmente extraordinarias. Veamos el caso de la empresa Walt Disney en su propuesta Walt Disney World Resort en la ciudad de Orlando, Florida. Durante más de medio siglo, Disney ha disfrutado de todo un conjunto de beneficios legales que se derivan de la creación de un distrito especial de gobierno para ella desde las etapas iniciales, a mediados de los años sesenta. En el año 1967, se le otorgó a Disney una licencia especial de gobierno mediante la creación del Reedy Creek Improvement District, muy cerca de la ciudad de Orlando donde Walt, de forma secreta, compró cantidades inmensas de terreno hasta que mostró su plan de creación del parque de atracciones más grande del mundo, en un área que comprendía más de 25 000 acres de tierra. Este distrito implicaba una forma propia y separada de gobierno con todo tipo de beneficios fiscales, incluyendo la eliminación del impuesto a la propiedad que deben pagar todos los ciudadanos propietarios anualmente (*property tax*). Debido a la escala faraónica del proyecto, Disney obtuvo este y muchos otros beneficios a cambio de una propuesta comercial, que lo convirtió en el mayor empleador del estado de Florida. Durante muchísimo tiempo, Disney fue un ganador absoluto en el área. Otros competidores, como Universal Studios, tardaron décadas en lograr penetrar las ventajas de escala de Disney, pero sin los beneficios fiscales y de gobierno que alcanzó Disney desde el inicio, por su gran escala.

Esta, a mi manera de ver, ha sido la mayor ventaja de la industria del internet, la cual ha permitido la globalización casi inmediata de grandes iniciativas en períodos muy breves. Los productos que se ofrecen en internet generalmente entregan servicios especializados, su capacidad instalada alcanza con rapidez algo que podríamos denominar el infinito. Es decir, un sitio web, con cierto nivel tecnológico y que resuelve una necesidad sentida, no de una población en específico, sino más bien de una importante parte de la población del mundo es relativamente fácil de escalar, fácil de llevar a muchos países a la vez. Su economía de escala está dada por la capacidad del *software* y por la virtualmente infinita dimensión del internet para transferir datos y registros sin fronteras. Internet logró anticipadamente conquistar audiencias y no necesariamente mercados desde el punto de vista estrictamente financiero. Es así como la mayor parte de los actuales gigantes de internet: Google, Facebook, X, Instagram, WhatsApp, entre otros, primero conquistaron una audiencia global y mucho después comenzaron a pensar en cómo monetizar ese éxito. Este hecho es la primera vez que ocurre en la historia: las necesidades que estas grandes plataformas logran resolver a sus masas de usuarios son virtuales, tan virtuales que escapan a su capacidad física de convertirlas en dinero territorialmente, lo que generalmente alcanzan posterior y paulatinamente. Más interesante aún es el hecho de que esta capacidad de comunicación universal ha sido valorada por los mercados mundiales anticipadamente, incluso antes de contar siquiera con un ingreso sostenible previsible.

Las redes sociales son, en principio, negocios de audiencia. Lo más sensato en estos casos es la venta de espacios de publicidad, algo a lo que se han dedicado todos los grandes con novedosas fórmulas para conquistar y monetizar públicos globales, no sin haber pasado por la ecuación a la inversa: primero la economía de escala y luego cómo llevarla a la caja. Y aquí volvemos al concepto con el que se inicia este capítulo: no puedes desestimar la especialización para dividir la torta en más pedazos que prestan los mismos servicios. ¿Es que acaso alguien puede siquiera pensar en suplantar a Google como buscador de internet en los actuales momentos? Claramente, la respuesta es no. ¿Google fue el primero? No. Google fue la empresa cuya base tecnológica superó con creces a todos los presentes en el mercado, convirtiéndose en el buscador líder y marca-segmento del mundo por su capacidad de encontrar información relevante en la web. Una vez allí, la economía de escala de los procesos hace casi imposible competir en el segmento madre, por lo que todos los demás líderes de la web están especializados en entregas de información diferenciadas de las preexistentes.

Nuestra historia del pastel: Tucarro.com

A finales de 1998 fundamos Tucarro.com, una plataforma en internet para ofrecer al mercado avisos clasificados como los existentes hasta ese momento en los periódicos impresos del mundo entero. El mercado venezolano estaba a punto de conseguir un crecimiento extraordinario debido al incremento sustancial de los precios del petróleo; esto ocurrió de golpe en el 2001. En ese entonces, yo estaba muy familiarizado con el uso de avisos clasificados para el sector inmobiliario de Caracas y hacíamos grandes inversiones en los mismos para vender inmuebles costosos de nuestra cartera de clientes como abogados corporativos. Esta experiencia, junto con el *boom* automotor del mercado venezolano —se fabricaban en Venezuela al menos diez marcas de automóviles—, nos permitió pensar en ofrecer carros mediante avisos clasificados *online*. En el análisis del segmento de clasificados para autos, teníamos que aprovechar las bondades que ofrecía internet frente al papel. Fue así como logramos identificar tres oportunidades por explotar para hacer de los clasificados tradicionales algo mucho más moderno. Estas son:

Palabras ilimitadas

Gracias a que el espacio en internet era prácticamente ilimitado, decidimos que no había necesidad de limitar dicho espacio a los vendedores de sus carros. Por tanto, las palabras no estaban limitadas y la descripción podía ser precisa, amplia y estandarizada, con lo cual ganaríamos la confianza de los futuros compradores. Es decir, los clientes ya no tendrían límites en sus palabras, como ocurría en toda la prensa. Allí ideamos un aviso que hacía estándar la publicación, mediante la recaudación de datos que debía tener cada aviso: marca, modelo, año, kilometraje, color y accesorios. Luego dejamos espacio para que cada uno contara su historia.

Fotos, no solo palabras

Era una inmensa ventaja competitiva añadir fotos del carro en venta en lugar de las clásicas descripciones que hacían los vendedores en los avisos por palabras en la sección de clasificados de la prensa. Fue así como, a pesar de que en 1998 aún no existía la fotografía digital disponible para los consumidores, decidimos que cada carro publicado tendría varias fotos en la publicación. Sin límites. Es curioso mencionar como anécdota que, en ese entonces, debíamos tomar las fotos de cada auto en persona, utilizando los tradicionales rollos de fotografía, para posteriormente revelarlos en una fototienda, escanear físicamente cada una y subirlas como HTML a cada aviso clasificado. Así lo hicimos, dando como resultado el nacimiento del fotoclasificado, subcategoría que titulamos nosotros mismos y que no existía.

Sin límite de tiempo

"Hasta que lo vendas" fue nuestro eslogan de mercadeo inicial. Con eso logramos que se pagara una sola vez por la publicación de cada carro en nuestro sitio de internet, lo que contenía una promesa y garantía de éxito para el consumidor. En la prensa se publicaba con límite de palabras y por un período que generalmente era de tres días. Ideamos un sistema para que los avisos de carros ya vendidos —lo que no estaba bajo nuestro control— se actualizaran de forma permanente y gratuita por parte del cliente hasta que consiguiese su objetivo.

Estas tres diferencias sustanciales frente a los medios tradicionales impresos crearon nuestra propia categoría: fotoclasificado en línea, sin límites de palabras ni fotos, publicado hasta que se venda. Debo aclarar que en ese entonces no teníamos conocimiento técnico de la hipersegmentación[18] o de las subcategorías de productos y mucho menos de los océanos azules[19]. Prácticamente todas esas fuentes de conocimiento son posteriores o contemporáneas al caso de Tucarro.com.

Fue una dura batalla de gigantes de medios tradicionales impresos peleando por su pastel contra una iniciativa pequeña como la nuestra. Generalmente, la sección de clasificados en la prensa implicaba un flujo de caja muy importante para los periódicos y estos no estarían dispuestos a cederla sin pelear. Esta nueva categoría, el fotoclasificado, que tuvimos la suerte de crear, logró hacer irrelevantes las publicaciones de avisos clasificados en la prensa tradicional. Es decir que la categoría innovadora terminó por hacer desaparecer el nicho tradicional y por crear uno nuevo. Nos expandimos con el mismo concepto a otras áreas de clasificados como inmuebles: Tuinmueble.com; botes: Tulancha.com, y hasta aviones: Tuavion.com. Llevamos nuestras marcas a Colombia, Argentina,

---

18 La hipersegmentación consiste en dividir en grupos muy especializados a los consumidores, ya sea territorial, geográficamente o por necesidades específicas para, a su vez, realizar esfuerzos de mercadeo dirigidos especialmente a ese grupo. La hipersegmentación puede dar lugar a la creación de una nueva categoría o subcategoría de productos especialmente diseñados para ese grupo.
19 Las fechas de publicación de la primera edición de los libros que mencionan los conceptos mencionados son: *Blue Ocean Strategy*, 2005; *22 Inmutable Laws of Marketing*, 1993; *22 Inmutable Laws of Branding*, 1998.

Panamá y Puerto Rico, logrando algunos éxitos interesantes y otros fracasos, como es natural.

En conclusión, no tratamos de comernos el pastel, logramos crear uno propio que devoró los existentes.

Desenfocado #9

¿Durmiendo con el enemigo?

Un día, luego de haber razonado mucho sobre tus intenciones de negocios, te levantas y decides invertir en esa idea maravillosa que tienes en mente. Asumes que todo saldrá bien y te lanzas a ejecutar los primeros gastos de inversión, pero no encontraste el valor para explicar con criterio a la persona que está invirtiendo contigo; sí, esa que tienes al lado cuando te acuestas a dormir. Por más que lo evites, debes saber que no es nada agradable dormir con el enemigo. De allí este desenfoque: humano, común y muy peligroso.

Como abogado de negocios, fui múltiples veces increpado en consultas de empresas familiares sobre este importante asunto y casi siempre aparecía esta situación de no haber previsto una estrategia de comunicación correcta y previa frente a los retos que depara el éxito y el fracaso en los negocios en tu entorno más íntimo. De pronto —sin que fuese el centro de la consulta legal— alguien decía: "El problema, abogado, es que a mí nunca se me preguntó sobre esta inversión y es ahora cuando me entero, ahora que ya todo está perdido". Perplejo, el inversor secreto se quedaba tartamudeando sobre las razones racionales de su proceder. Esa reunión ya no era sobre asuntos legales o financieros, sino familiares, personales y psicológicos. Maniobrar como profesional en circunstancias como la narrada es muy complejo, incómodo y totalmente fuera del área de mis conocimientos, pero es una realidad que ocurre con demasiada frecuencia.

En la actualidad, existen todo tipo de relaciones de pareja más allá de la tradicional del matrimonio, por lo que esto se complica aún más. Tradicional o no, todas representan una sociedad y no exclusivamente sentimental. Los roles se han emparejado en el mundo entero; el hombre, la mujer y sus funciones tradicionales ya no existen. Por lo tanto, el asunto de los negocios ha dejado de ser la responsabilidad de uno solo; es un asunto compartido, del interés de todos; es una sociedad financiera.

Estas ideas no aplican para emprendedores seriales, inversores profesionales de capital de riesgo y otra serie de personas que están familiarizadas con la actividad de emprendimiento a todo nivel. Más bien, deseo alertar a los jóvenes y no tan jóvenes sobre este asunto complejo que se debe abordar con sensatez y a tiempo.

De esto no se habla

A medida que leemos este capítulo nos hacemos muchas preguntas y a la vez vamos recordando historias pasadas y respondiéndonos con más preguntas. Quienes cuentan con una relación ya tienen este asunto entre ceja y ceja. Sí, esa persona que cuando ya tu día terminó y piensas que tus obligaciones han quedado para el día siguiente, te hace la pregunta clave, la más difícil, la que no puedes dejar de responder: "¿Cómo va el negocio?, ¿cómo va el trabajo?". Sí, esa persona, quieras o no, es tu socio(a). Puede ser que mantengas las cosas bien separadas, lo mío es lo mío, lo tuyo es lo tuyo y mis asuntos son mis asuntos; eso funciona si todo marcha muy bien y todo va viento en popa, fluye el dinero en casa y podemos darnos algunos gustos con la suerte de contar con verdaderos excedentes; bueno, podríamos decir que en esos casos funciona. El verdadero reto surge cuando las cosas no van bien, cuando se compromete el dinero de la familia, cuando se involucra a amigos y familiares y, por cosas normales en el mundo de los negocios, algo sale mal.

Puedes pasar un par de horas en una junta de accionistas o directores explicando cuáles son las razones propias de mercado que han dado como resultado lentitud en el negocio; o explicar detallada y técnicamente por qué se ha fracasado y no es posible continuar. La junta puede aceptarlo y seguir adelante, digiriendo cada uno la frustración que genera cualquier fracaso, pero este tipo de explicaciones sobre el fracaso en casa son muy diferentes. Podrían ocurrir ejemplos excepcionales de comprensión, que no dudo existan o, por el contrario, podría surgir el famoso: "¡Te lo dije!", si es que "tu socio(a)" ya se enteró. No pretendo meter todo tipo de relaciones en este saco, pero este asunto trascendental prácticamente nadie lo toca, y si lo he visto por allí expuesto en algún texto es solo de una forma superficial. Parece que todos pretenden hablar de emprendimiento sin pasar por esta tarea de explicar a quiénes involucras en ello, de qué se trata tu idea y tu visión de aquello que pretendes emprender.

Friends and family

Hacer una explicación de tus intenciones no es para nada un acto de sumisión; por el contrario, es una oportunidad de oro para hacer la primera presentación formal de tu idea. Así es como resulta mejor: superar tus propias inseguridades con arrojo y osadía. Claro está, y de acuerdo con el conocimiento técnico del interlocutor, expondrás el fondo y sobre todo la forma de tu idea. A mayor formalidad, mejores resultados: idea, misión, visión, valores, mercado, inversión estimada, oportunidad, estrategia de salida y tiempos de ejecución. Es muy oportuno estimar la inversión inicial y la estrategia cuando esta no sea suficiente: nuevos accionistas, préstamos, inversores ángeles y familiares/amigos (*Friends & family*), etc., incluso identificándolos anticipadamente con nombre y apellido, a pesar de que las circunstancias, como siempre, puedan cambiar. Con seguridad recibirás ideas, propuestas, cuestionamientos y miedos que te harán más fuerte a la hora de continuar. Si la comunicación está cerrada, entonces el problema ya no es de tu idea, es otra cosa en la que no pretendo profundizar.

Si cuentas con la confianza de tu socio principal y haces una presentación real y con respeto, puedes conseguir la aprobación principal de tu emprendimiento, obtener el valor agregado de quien está más interesado en tu bienestar y prepararte para asumir el riesgo con mayor determinación y seguridad. Esto funciona muy bien para la gran mayoría, que son aquellos que tienen ese sueño por cumplir y que desean ejecutarlo antes de que sea tarde. He sido testigo de experiencias sobresalientes de negocios en pareja, pero debo confesar que para nada es lo común. Bien porque han asumido el riesgo en conjunto y se han propuesto tratarlo profesionalmente, o bien porque uno cuenta con la confianza del otro por experiencia. Sin embargo, a la hora de un traspié, de un aumento de capital adicional necesario, de más años de esfuerzo, es bueno contar con el activo inicial que significa el apoyo de quien podría convertirse en tu enemigo si las cosas no van bien o, por el contrario, tu principal apoyo para seguir adelante. Es tu elección, pero solo tienes una oportunidad de evitar la catástrofe y no es otra que anticiparla y conversarla.

Este tema del desarrollo de un emprendimiento de negocios con quien compartes la vida también debe tocarse cuando quienes se asocian son seres cercanos, como padres, hijos, tíos, sobrinos, etc. La clave aquí es dejar la informalidad empresarial en casa y llevarse todo el esfuerzo profesional para la oficina, tratar a tus allegados como profesionales, evitar todo tipo de actitudes típicas de la intimidad y escuchar al otro. En una oportunidad, recibí a toda una familia italiana, los patriarcas en sus ochenta y los hijos y consortes en sus cuarenta o cincuenta. Este grupo familiar estaba discutiendo sobre la repartición anticipada de las acciones de los negocios emprendidos por el abuelo y el gobierno corporativo que unos y otros pretendían acordar en esa reunión. Los abuelos sentados frente a mí en silencio y toda la jauría desenfrenada a sus espaldas. Allí nadie escuchaba a nadie y las voces principales de las discusiones las llevaban los afines a todo gañote. Yo no salía de mi asombro; era como una sepultura anticipada o, más bien, un homicidio psicológico. Muy preocupado y algo incómodo ante la absurda situación, solicité a todos, excepto a los abuelos, que se salieran inmediatamente de mi oficina. Así lo hicieron y, ya calmados, ofrecí agua a los ancianos; comencé a explicarles que ellos aún estaban vivos y que solo escucharía de ellos sus intenciones futuras para proceder, sin ninguna otra intervención. Este caso en particular, porque hubo muchos, quedó para siempre grabado en mi memoria y ha guiado mi proceder desde entonces. Sin importar las circunstancias, debes actuar con claridad y entender desde el inicio quiénes serán los verdaderos involucrados y afectados por tus intenciones, tu voluntad y tu deseo. Algunas veces tendrás que tomar decisiones muy difíciles, sobre todo cuando debes elegir quién o quiénes tomarán el control y cómo debes entregar el timón de tu barco. Nunca, pero nunca, debes hacerlo por razones de consanguinidad cercana o por ser el de mayor edad.

Un asunto distinto es el inicio de un negocio en pareja. Las relaciones humanas, a medida que pasa el tiempo, adquieren patrones de conducta en todos los asuntos de la vida: hijos, dinero, riesgos, valores, sexo, amistades, etc., por lo que lidiar con los cambios a nivel personal y empresarial a la vez es sumamente complejo. Cuando una pareja inicia un negocio en conjunto, el reto es comprender que diferenciar totalmente los roles es casi imposible, a pesar de que en la teoría se hayan establecido. Mucho más difícil resulta abandonar las conversaciones que tienen que ver con la familia en el entorno del trabajo y viceversa. Sin embargo, y a pesar de que las estadísticas así lo han comprobado a través de los años, este patrón de inicio de emprendimientos en pareja se mantiene. Parece que, en estos casos, lo más conveniente es la comprensión de la codirección como regla básica a pesar de que existan funciones o responsabilidades separadas. Al iniciar una empresa en conjunto, se evita en gran parte el riesgo al que se refiere este desenfoque, pero esto añade inmensas complejidades de dirección, gerencia y muy posible falta de frialdad a la hora de tomar decisiones complejas en momentos de vulnerabilidad familiar o personal.

Son muchos los ejemplos de padres que imponen sus criterios simplemente porque siempre lo han hecho de una manera y no quieren abrir los ojos a nuevas oportunidades que pueden presentar las nuevas generaciones desde su particular enfoque. También he sido testigo de muchos hijos que, a cuenta de que el inversor es su padre o madre, quieren soportar el esfuerzo de inversión que todo emprendimiento requiere como si se tratara de una muestra de amor entre familia. Peor aún resulta cuando los involucrados se ofenden por ser interrogados sobre temas de estrategia y pretenden que el amor del caso les da licencia para pretender y solicitar una inversión a todo riesgo, sin planificación estratégica o estudio formal de mercado y, para rematar, a ciegas.

Uno de los retos más interesantes de todo este asunto es identificar cuál es la fórmula correcta para iniciar un proceso de gobierno sensato entre miembros de una misma familia, sobre todo cuando están sentados en una misma junta directiva o son parte del negocio familiar. El rol del CEO de la empresa en la mesa de la junta directiva no es el mismo que cuando están sentados esposa(o) e hijos en la mesa del comedor de la casa. Esto representa un sinfín de retos que aumentan a medida que nuevas generaciones y parientes se incorporan al negocio familiar. En algunos casos de empresas familiares, he visto cómo los fundadores delegan sillas de la junta a personas intachables que han sido parte del negocio o que, por sus credenciales personales, generan todo un ambiente de verdadero prestigio que minimiza el efecto de relaciones interpersonales o familiares en ella. De todo este asunto se ha escrito bastante. Existe un abanico inmenso de opciones para enfrentar estos retos; existen empresas exclusivas de asesoría para comprender este asunto del gobierno corporativo en empresas familiares, por demás complejo y trascendental para sostener el éxito.

Todas estas circunstancias expuestas son solo una pequeña muestra de las complicaciones que pueden surgir de la falta de claridad entre parejas, familiares y amigos a la hora de intentar una oportunidad de negocios. Todos empiezan el juego de monopolio sonriendo, todos se sienten ganadores, inteligentes y muy capaces. Luego aparecen la estrategia y el azar; es allí cuando las caras comienzan a cambiar, aparecen las verdaderas personalidades que están ocultas bajo la magia de lo social y, aunque se trate solo de un juego de azar, comenzamos a competir, sobrevivir y tratar de ganar. Del azar podríamos escribir varias páginas sobre cómo puede afectar la estrategia, pero está fuera de nuestro control y no podemos anticiparlo. Sin embargo, la estrategia podría comenzar desde el día uno aclarándote qué tan dispuesto estás a asumir el riesgo por tu cuenta, y ayudándote a tomar en serio y como primer paso el análisis de las consecuencias personales si todo sale mal. He sido testigo del caso opuesto a este desenfoque personificado en grandes inversores, hombres de negocios acostumbrados a asumir grandes riesgos y, a pesar de ello, he visto cómo los más exitosos no olvidan este asunto, no lo dejan de lado, no lo posponen. Buscan este apoyo y hacen partícipes a sus más allegados de los pasos que darán. Claro está que, a medida que se acumulan mayor experiencia y éxito probado, la necesidad de explicar al detalle se comienza a desvanecer. Y la razón no es otra que el hecho de que, sobre la base de la experiencia previa, y a pesar de que resulte todo mal, ello no comprometerá el futuro de su familia ni sus finanzas y de que ello es solo parte del lógico tránsito por el mundo de los negocios.

Hay otros casos mucho más agresivos en los que la actitud del emprendedor da como resultado aquello que en póker se denomina *all in*, todo o nada. Este tipo de inversores son muy diferentes a las experiencias positivas de las que he sido testigo a lo largo de mi vida, pero seguro estoy de que forman parte de este desenfoque, así como algunos casos extremos de enfermedades mentales que requieren otro tipo de tratamiento.

Son personas que están siempre dispuestas a ganarlo y perderlo todo. Transitan por interminables conflictos interpersonales y toda clase de juicios y acciones legales que requieren una personalidad extraordinaria y, por ello, muy poco común. No debes confundir audacia con irresponsabilidad.

Comienza por escribir al detalle tu plan de negocios. A partir de allí, identifica cómo y a quién narrarás tu proyecto, con mucha seriedad y solo a quien tú crees que debes hacerlo. Sé osado, porque lo común es ser tímido y, para enfrentar los riesgos, debes ser capaz de sobrepasar tus inseguridades. Y qué mejor momento para hacerlo que cuando tienes enfrente a alguien a quien podrías perjudicar: tu osadía y seguridad se trasmitirán de tal manera que habrás ganado la primera batalla. Hazlo de la misma forma como lo harías a un grupo profesional de inversionistas. Utiliza tu naturaleza emprendedora y entusiasmo, acompañados de mucha información y análisis. Identifica los riesgos; a cada uno de ellos consíguele las fortalezas para enfrentarlo y una o varias respuestas. Traza una clara estrategia de salida que te permita identificar momentos críticos en los cuales se deba parar o continuar. Al seguir adelante, entonces tendrás a tu favor invaluables fortalezas y respuestas previamente estudiadas. Cuenta con estrategias que permitan identificar claramente los momentos críticos y compártelos desde el comienzo; resulta muy provechoso contar con ese apoyo en los casos en los que es necesario rectificar.

Hazlo con arrojo y perseverancia y, sobre todo, no olvides a quién o a quiénes podrías afectar. No paralices tu intención; al contrario, prepárate aún más para las preguntas difíciles o incómodas. Identifica pasos a futuro luego de alcanzar los primeros objetivos. Si todo sale bien, entonces los habrás beneficiado, ese "enemigo" será ahora tu soporte activo; y esto ocurre incluso cuando ya no se trata de la misma persona.

Desenfocado #10

En un año recupero
mi inversión

Sin duda, este es de los temas menos analizados en los procesos de creación de empresas, es decir, cuánto tiempo tomará que una idea de negocios llegue a madurar en un mercado, al punto de que se convierta en un negocio estable o de que pueda constituir una estrategia de salida beneficiosa para sus creadores. Varios aspectos son fundamentales para entender los tiempos que requieren diferentes tipos de negocios para alcanzar una verdadera posición en el mercado. Si estás pensando que en un año tendrás éxito y podrás recuperar tu inversión, estás muy desenfocado, así hayas escuchado muchas veces que alguien lo logró.

La aparición de internet generó todo un complejo entramado de nuevos paradigmas de valoración del tiempo necesario para conseguir un éxito en el mundo de los negocios. Así pues, se confundió y se siguen confundiendo dos aspectos que son, por principio, muy distintos entre sí. Por un lado, el tiempo que les toma a los inversionistas valorar una propuesta de negocios y, por otro lado, que un modelo de negocios haya sido aceptado por un mercado en particular. Se confunde aceptación del mercado con aceptación de la comunidad de inversionistas profesionales.

Esos tiempos en los que una simple idea sobre un papel se convertía de la noche a la mañana en una superempresa, antes siquiera de contar con una oficina, y mucho antes de ofrecer el producto al mercado, a mi manera de ver hizo un gran daño en las expectativas razonables que debe tener un emprendedor al momento de lanzarse en un proyecto empresarial. Las ganancias de millones de dólares de un día para otro generaron una gran oportunidad para muy pocos y una falsa expectativa para la gran mayoría. Así pues, se subvaloraron y en muchos casos ni siquiera se tomó en consideración este asunto vital de los plazos necesarios para llevar adelante una iniciativa empresarial. En muchos casos, se escribían con total irresponsabilidad los supuestos plazos en los planes de negocios, sin ningún tipo de sustento empresarial y así eran presentados a los prospectos de inversionistas. Recordemos que todo era una carrera desenfrenada cuyo combustible principal era la falsa sensación de no querer quedarse por fuera (FOMO)[20]. Entre otros se banalizaban:

- Los tiempos necesarios para alcanzar la primera venta de tu producto (*death valley*)[21].

---

20 FOMO es la forma coloquial en inglés de la frase: *Fear of missing out*, en castellano: miedo a quedarse por fuera.

21 *Death valley* (valle muerto) en negocios, es el período en el que una empresa ha recibido el capital de trabajo para iniciar sus operaciones, pero aún no ha generado ventas o ingresos. Durante este período resulta muy difícil que la empresa obtenga más capital de financiamiento debido a que el modelo de negocios no se considera probado.

- Los procesos necesarios para la investigación y desarrollo de los mismos.
- El tiempo necesario y estimado para alcanzar el punto de equilibrio.
- El momento para estimar el retorno de la inversión.
- La factibilidad y alcance de un negocio en términos locales, regionales o globales.

La mejor respuesta a este tema se encuentra casi siempre en las historias de grandes negocios que representan fuertes posiciones de mercado en segmentos locales o globales. Los casos de los primeros buscadores de internet han sido historias complejas y muchas veces abruptas en cuanto a tiempos de éxito y fracaso. Empresas que ocupaban todo el espacio de los medios especializados a mediados de los noventa y principios de este siglo XXI hoy son simples historias que un joven recién graduado quizás nunca escuchó, a pesar de que ocurrieron hace apenas una década y algo más. Ejemplos de estos casos son: AOL, Network Solutions, Starmedia, DeRemate, Patagon, Myspace, Netscape y muchísimas otras. Todas ellas empresas valoradas en cantidades astronómicas en su momento y que hoy ya no existen. La gran mayoría de ellas en territorio de los Estados Unidos de América y otros casos que fueron muy bulliciosos en Latinoamérica. Cada país, sin excepción, tiene sus propias historias en este sentido. Una segunda ola, en la que aún estamos inmersos, transita por el terreno de las redes sociales en las que todo tipo de propuestas han invadido el mercado. Muy pocas han logrado permanecer. Solo aquellas que realmente entregan una verdadera propuesta de valor en la forma de conectar a las personas a través de textos, fotos, videos, etc. Muchas de ellas aún no encuentran la forma de ser viables desde el punto de vista financiero, siendo que su valoración de mercado ha sido estimada por su capacidad de conectar al mundo, más allá de su capacidad real de generar ventas o ganancias para sus creadores e inversionistas.

La mayor parte de las ideas de negocios que son presentadas a nuestra consideración son vagas y muy erráticas en este fundamental aspecto del tiempo. Al fin y al cabo, todos sabemos que las presentaciones de los estimados de proyecciones financieras son un simple saludo a la bandera en cuanto a la certeza de sus aseveraciones. Necesarias e indispensables, pero imposibles de verificar. Lo que sí es fácil de verificar es si la verdadera voluntad del emprendedor es la de iniciar un negocio real, o si se trata solo de una apuesta de corto plazo para obtener ganancias en medio de una ola especulativa o una burbuja financiera. Por lo tanto, al profundizar en un plan de negocios desde la perspectiva de los tiempos necesarios o previstos que han sido expuestos por los creadores o ejecutivos, es fácil descartarlos, debido a haber identificado una debilidad sensible por falta de profundización y valoración del tiempo.

Al consultar y profundizar sobre los tiempos de un modelo en particular, muchos emprendedores —consciente o inconscientemente— han errado en los tiempos de ejecución, bien por sobreestimar la capacidad del mercado de asimilar el nuevo negocio o por haber subestimado los tiempos de flujos de caja necesarios para alcanzar los objetivos propuestos. En estos casos prefiero, sin duda, una respuesta más sensata como: "Allí están las proyecciones financieras que establecen aproximadamente el tiempo necesario para alcanzar los objetivos que nos hemos trazado; sin embargo, será el mercado el que decida los aciertos y ajustes que tendremos que realizar durante la ejecución del plan de negocios, por lo que es imposible garantizarlos". Esa sería una respuesta aceptable.

En los tiempos recientes, de modelos de negocios cuyo principal objetivo inicial es alcanzar la mayor cantidad de usuarios posible, como lo es el caso de las redes sociales, estos modelos, casi siempre, se sustentan en modelos de ingresos publicitarios, como es natural para los negocios de medios; la historia de esos modelos ha demostrado que, o bien han mutado en sus modelos de ingresos originales o los han ampliado; incluso algunos declaran y reconocen que aún ese aspecto está en etapas iniciales de definición, como podría ser X al momento de escribir estas líneas. Todas estas historias, que están tan publicitadas en todo tipo de medios y escuelas de negocios, lo único que consiguen es confundir más las iniciativas emprendedoras.

Dejando de lado las experiencias del frenético mundo de la tecnología y el internet, la mejor idea para analizar los tiempos necesarios para una buena planificación estratégica, que permita acercarse lo más acertadamente posible a la realidad, puede hallarse en el análisis de negocios similares, competencias e historias que están detrás de cada modelo de negocios. Incluso en los casos más disruptivos, siempre hay cómo acercarse a la realidad, pero nunca será del todo cierta.

Muchas veces consideramos que la aparición de un modelo de negocios exitoso es mucho más reciente de lo que en realidad ha sido su proceso de maduración en el tiempo. Veamos algunos ejemplos de esta afirmación: no es un secreto que, en líneas generales, el café consumido en Estados Unidos ha sido históricamente de mala calidad. Incluso los métodos de preparación que se hicieron populares en ese país contribuyeron a simplificar de tal forma la verdadera esencia de una taza de café que hizo muy popular al café y muy deficiente su calidad en comparación con el mismo producto en otros mercados. Es común para los que visitan los Estados Unidos afirmar que el café ha sido una debilidad. Sin embargo, es relativamente reciente, en términos de la percepción del mercado, la aparición de la empresa Starbucks, de la que ya hablamos en el capítulo "Comerte el gran pastel", pareciera haber irrumpido en el negocio recientemente. Nada más lejos de la realidad. Como vimos, este emprendimiento ocurrió en 1971, hace más de cinco décadas. Howard Schultz fue director ejecutivo hasta el año 2018; comenzó su gran viaje en este modelo de negocios cuando logró encontrar el verdadero placer y amor por el café como evento social en su viaje a Italia en 1983, luego de haber entrado en la empresa un año antes. Su convicción lo llevó a comprarla. En 1989, Starbucks alcanza un total de cincuenta y cinco tiendas localizadas tan solo en Estados Unidos. Hoy Starbucks constituye una empresa global con más de veintidós mil tiendas, presente como un modelo de negocios consolidado, admirado a pesar de que la gran mayoría piensa que se trata de una idea reciente. Toda una revolución ha ocurrido en torno al mítico café Starbucks "americano".

Por su parte, Apple fue fundada en California el 1 de abril de 1976 por Steve Jobs, Steve Wosniak y Ronald Wayne para comercializar el primer ordenador creado por Wosniak, el Apple I. Este gigante global, conocido por el gran impacto de sus productos en la vida de personas en el mundo entero, hoy es la empresa más valorada del mundo, a pesar de haber sufrido drásticos altibajos que la llevaron prácticamente a su desaparición a principios de la década de los noventa. Irrumpe como una gran empresa de manos de su principal creador, hasta que logra consolidarse por segunda vez como la marca más admirada de productos tecnológicos a nivel global, de la mano de propuestas innovadoras y exitosas estrategias de diseño y mercadeo, apoyada en el prestigio de su marca, en medio de un ecosistema brillante y cerrado de productos con alto nivel de lealtad de sus fanáticos y consumidores. Sin duda, su capacidad de innovación ha sido cíclica y muy influyente, por lo que ha logrado gigantes saltos tecnológicos que han cambiado nuestra vida en los últimos cincuenta años. Su primer gran hito fue la computadora personal Macintosh (1984), la cual, además de ser una computadora, con un pequeño cambio en su escritura es una variedad de manzana típica de Canadá (*McIntosh apple*), siguiendo la estrategia de su logotipo original. Esa permanente innovación de la empresa con hitos tecnológicos cada cierto tiempo la mantiene vigente a pesar de su edad.

Estos ejemplos no pretenden afirmar ni demostrar que se requieran décadas para alcanzar el éxito. Mucho menos pretendo hacer una estimación del tiempo necesario para lograrlo. Una valoración realista del esfuerzo para alcanzar los objetivos y retos que el mercado nos depara nos permitirá evitar esta gran amenaza que constituye emprender con un claro desenfoque en el tiempo. Por el contrario, las muy publicitadas excepciones a la regla general del esfuerzo sostenido en el tiempo deben ponerse de lado y no como ejemplo de la estimación general de esta variable, porque son solo eso, excepciones, tan sonoras que hacen percibir como alcanzable lo que en realidad resulta muy poco probable.

En nuestra experiencia, el período de consolidación de una empresa que no esté enmarcada dentro del concepto de moda o burbuja de inversión es, por muy optimista que se quiera, un período de al menos tres años. Esto si se ha logrado una penetración de mercado y conocimiento de marca casi en tiempo récord. No quiere decir esto que no haya excepciones a la regla pero, como fortaleza de base para emprender con solidez, recomiendo usar este mínimo período para una idea de negocios nueva. Las tiendas *pop-up*[22], aunque se concentran principalmente en el fortalecimiento de una marca ya existente: Nike, Airbnb, Coca-Cola, han usado ese concepto para fortalecer su presencia temporalmente en lugares estratégicos, pero no deben ser consideradas

---

22 Una *pop-up store* es una estrategia, principalmente de mercadeo, que se orienta a hacer presente una marca y sus productos en un lugar determinado, con una tienda que aparece y desaparece en un período corto, generalmente de uno a tres meses. La idea principal es hacer una demostración en físico de unos productos que después solo estarán disponibles *online*, e incluso que solo estarán disponibles en un momento futuro desconocido.

en este lapso. Tampoco las tiendas de temporada en las que se privilegia la época del año[23] y la locación, frente a la marca propiamente de la empresa que las crea.

---

23   Las tiendas de temporadas, como la navideña, solo aparecen en algunos mercados en espacios comerciales vacíos temporalmente y desaparecen al final de la temporada.

Desenfocado #11

Soy una estrella
de rock

Si crees que un gran evento de lanzamiento al que acudan medios de comunicación, impulsadores de redes sociales (*influencers*) y relacionistas públicos es lo que, indiscutiblemente, necesita tu empresa para salir al mercado, entonces debes hacerte la siguiente pregunta: ¿es necesario para el segmento que abarca mi iniciativa o estoy intoxicado de vanidad y deseo aparecer rápidamente como un gran empresario ante mi comunidad? Cuidado, si no eres un artista, entonces no trates de convertirte en una estrella de rock. Estos lanzamientos suelen ser costosos y quienes los cubren solo prometen difusión, porque es lo único que pueden ofrecer. Generalmente, las notas de prensa y fotografías se concentran en los asistentes y no en el producto que se está introduciendo al mercado. Si invitas a Shakira, ella será la noticia.

Hay infinitos ejemplos de este desenfoque. En mi experiencia, hubo uno muy representativo. Transcurría el mes de agosto del año 2001, nuestro modelo de negocios Tucarro.com llevaba dos años en el mercado venezolano y habíamos tomado la iniciativa de aventurarnos a alcanzar otros mercados, incitados por todo aquello que ocurría en medio de la gran burbuja de valoración de empresas de internet. Argentina se presentaba como la meca de las empresas de internet de la región. Todo pasaba por Buenos Aires: inversionistas de capital de riesgo, representantes de bancas de inversión de Nueva York y Silicon Valley, lanzamientos apoteósicos de modelos de internet, tiburones cazando novatos o buenas ideas. Aquello era toda una locura a la que no pudimos resistirnos.

Nuestros asesores, accionistas y ejecutivos también estaban envueltos en aquella burbuja global de internet. Durante aquellas semanas, presencié algunos de los momentos más ridículos que el mundo empresarial latinoamericano pueda recordar.

Nosotros, por nuestra parte, habíamos diseñado una campaña de presencia en la calle mediante buses de dos pisos —del tipo inglés (*double deckers*)— con nuestra marca, haciendo conocer de esa y otras formas nuestra presencia en el mercado argentino, bastante seguros ocupando espacios relacionados con nuestro emprendimiento y utilizando algunas otras estrategias en medios del sector. Nuestro representante en ese país coordinó un lanzamiento modesto en la ciudad, al que fueron invitados algunos medios, empleados y, por supuesto, el equipo de fundadores y asesores.

Los medios locales estaban absolutamente inundados de noticias que reflejaban cómo noveles emprendedores de internet alcanzaban a diario la capitalización de su empresa en cifras astronómicas que los hacían millonarios de la noche a la mañana —*ipso facto*—. Así fue como un día fuimos invitados a visitar las futuras oficinas de una nueva empresa de internet que había conseguido una capitalización fabulosa de inversionistas internacionales. Estas oficinas apoteósicas representaban la forma como en el momento, además de los planes de negocio en papel y *pen drives,* se analizaba el posible éxito futuro. La oficina en cuestión contaba con cientos de metros cuadrados, diseñados por arquitectos de primer nivel, quienes habían concebido el espacio para que los empleados no sufrieran ninguna distracción y se concentraran totalmente en la creación de aquella empresa. Sillas que jamás había visto Herman Miller[24], especialmente creadas para la era de internet, permitían que los empleados permanecieran en una posición casi horizontal, con su *laptop* estratégicamente situado de manera que nunca sufrieran lesiones cervicales o de cualquier otro tipo, por las horas dedicadas al diseño y trabajo en la nueva industria de internet.

Nunca vimos a ningún empleado en aquellas fastuosas oficinas y, hasta donde pude conocer, nunca esas fabulosas sillas fueron ocupadas por nadie. Así de absurdo puede ser un lanzamiento sin siquiera haber recibido un dólar de ventas.

Aquella misma noche, también acudimos a otro fabuloso lanzamiento de un megaemprendimiento. Este había logrado captar toda la atención de los medios. Los emprendedores fueron entrevistados por asombrados periodistas que trataban de entender y digerir cómo

---

24   La empresa Michigan Star Furniture se convirtió en Herman Miller en el año 1923 cuando D. J. Depree y Herman Miller compraron la empresa. A mediados del siglo XX se convirtió en ejemplo de muebles modernos orientados a la resolución de problemas. George Nelson, Charles y Ray Eames, Alexander Girard e Isamu Noguchi aportaron genialidad de diseño y funcionalidad a la prestigiosa historia de Herman Miller.

era posible que aquellos nuevos empresarios hubieran conseguido el éxito, a pesar de que la empresa tenía solo un plan de negocios muy ambicioso en papel, con proyecciones que demostraban cómo, en el período de tres años, el mundo estaría a sus pies. Al llegar la noche del evento de lanzamiento, que tuvo lugar en una plaza en medio de la ciudad, se hicieron presentes cientos de personas y muchísimos medios. Para asombro de todos, un helicóptero se apareció en medio de la fiesta y los "exitosos" emprendedores descendieron del mismo, usando sogas, hasta la tarima donde se encontraba el público para el inicio del acto. Quienes estuvimos presentes en ese momento recordamos la cantidad obscena de millones de dólares que se invirtieron en esa propuesta. Se hizo todo a nivel regional latinoamericano, en varios países simultáneamente. El epicentro fue la ciudad de Buenos Aires. Allí estábamos. Ese portal de internet que pretendía hacer de todo: medio de comunicación, noticias, entretenimiento, portal de compras en internet y toda una serie de segmentos que lo hacían ver como el todo, en menos de dos años ya no existía, nunca fue nada.

Todo aquello resultaba muy impresionante y realmente nosotros nos sentíamos como hormigas en medio de aquella locura de "éxito" empresarial. Todo era una gran comparsa que seguramente permitiría que la valoración de la empresa se incrementara irracionalmente en las siguientes horas, produciendo la muy lógica entrada y salida de inversionistas en medio de una locura mediática que más se parecía a un casino que a una empresa.

En otros casos, en lugar de un lanzamiento, se opta por una campaña de publicidad en medios masivos de alcance nacional, cuando en realidad ese esfuerzo debería estar orientado a la comunidad que pretende atender. A principios de este siglo, específicamente el 13 de abril del año 2000, una prestigiosa cadena de supermercados, Excelsior Gama[25], abre una nueva tienda moderna y muy grande en la ciudad de Caracas. Esta tienda está localizada en una zona cercana a la ciudad, pero muy determinada geográficamente (Manzanares, Caracas), por lo que sus clientes naturales están localizados en el área circundante. Sin embargo, en aquellos días de medios masivos, como la televisión abierta y radio, pude observar una fastuosa y, por supuesto, costosa campaña de publicidad en televisión para promocionar la apertura de la mencionada tienda. Estamos hablando de una campaña de publicidad con un alcance general, para una población de aproximadamente treinta millones de habitantes de todo el país en ese entonces, cuyos clientes naturales rondarían como máximo cien mil personas del área en este suburbio de la ciudad de Caracas. Se puede argumentar de muchas formas tal estrategia: creación de marca, reconocimiento de una trayectoria, competencia con otras cadenas que estaban en la misma actividad y crecimiento, etc. Sin embargo, desde el punto de vista

---

25   Don Manuel Da Gama, fundador de la cadena Excelsior Gama, inicia su aventura empresarial en Venezuela en 1953, recién llegado de su natal Portugal. Oficialmente crea su primer supermercado en el año 1969, el cual se convirtió en una prestigiosa empresa venezolana producto de más de setenta años de historia y más de 3000 empleados en la actualidad. En sus propias palabras: "Excelsior Gama nació humildemente como algo pequeño, así como nacen los grandes ríos, y como nacen los grandes hombres que provienen de niños indefensos".

objetivo, ese lanzamiento ha podido concentrarse en su área real de influencia, por lo que podría considerarse también un desenfoque. Solo traigo este ejemplo para demostrar cómo, a pesar de estrategias muy bien vendidas, los asesores, las agencias de publicidad y los medios en general pueden generar un gasto desenfocado en una realidad local para un producto determinado. Ejemplos como este son miles y ocurren a diario.

Los emprendedores se ven muchas veces rodeados de personas que están tratando de sacarles dinero rápidamente antes de que sea demasiado tarde para ellos, es decir, antes de que los fondos iniciales para una iniciativa empresarial se acaben irremediablemente. Asesores de mercadeo, de relaciones públicas y agencias de publicidad pueden ser parte de estas distracciones, que sin duda lograrán un éxito mediático que muchas veces nada tiene que hacer con los verdaderos retos que la idea de negocios tiene o tendrá para el mercado.

Evitar este tipo de distracciones comienza por separar el ego de los emprendedores y su entorno de los razonables objetivos de la empresa que se está por comenzar. Muchas veces, estas manifestaciones de necesidad de reconocimiento público disfrazan inseguridades personales, no buscan otro fin que la validación social del emprendedor y representan un verdadero riesgo para la empresa, pues la desenfoca de los verdaderos objetivos empresariales y, peor aún, diluye sus recursos peligrosamente.

Un verdadero análisis de objetivos de mercado, *target*, segmento y medios alejará los cantos de sirena y enfocará los recursos hacia un objetivo realista. Hacer una medición temprana de los esfuerzos publicitarios para realizar ajustes y evitar gastar de más es una vital acción que debes instrumentar a tiempo y con mucha autocrítica. Muy especialmente, debes huir de la tentación de confundir tu producto o empresa contigo mismo, a menos que seas un artista o deportista; ese es otro caso que veremos más adelante.

Desenfocado #12

Mi marca sirve
para todo

Existen varias circunstancias en las que, con el objetivo de aumentar el tamaño de la empresa, se cree que, extendiendo la marca original a otros productos y segmentos, se alcanzará el mismo éxito. Esto ha sido llamado *línea de extensión de marca*.

Sin embargo, en la mayor parte de los casos en los que se extiende el uso de la marca, se violentan principios básicos del *branding*. Algunos son ejemplos de empresas fabricantes y otros de distribuidores ya consolidados. Estos son algunos de los casos:

Expandir la marca original a otros productos o servicios esperando que ella soporte una línea de extensión y así hacer crecer la empresa o su participación de mercado

De este tema se ha hablado muy ampliamente en las cátedras de mercadeo y en las empresas desde hace muchísimos años; no pretendo repetir el hecho de que la línea de expansión de marca (usar la misma para varios productos) conduce la mayoría de las veces a debilitar la marca original y no a fortalecer el nuevo producto. Aunque la argumentación a favor de este criterio siempre viene del lado de las ventas, al sostener que habrá un incremento casi inmediato en las ventas en el corto y mediano plazo, está igualmente demostrado que tal estrategia produce un debilitamiento de la marca en el largo plazo y, por lo tanto, una pérdida de la participación de mercado, una disminución que ha sido estudiada en múltiples escenarios y casos[26].

Es por ello por lo que grandes consorcios empresariales como Colgate-Palmolive, Procter & Gamble, Nestlé, Unilever, Coca-Cola, Pepsico, Cervecería Modelo, entre otras, han optado por hacer crecer las marcas de forma diferenciada e individual, generando estructuras internas que diferencian los equipos de ejecutivos que se ocupan de cada una en particular y permitiendo que el valor agregado del consorcio se sume en estrategia de distribución y equipos de venta, pero no en la dinámica de la marca en sí misma, que muchas veces compite con otra de su misma empresa. La multinacional mexicana Grupo Bimbo, con más de setenta y siete años de historia, se enorgullece de ser dueña de más de cien marcas de productos alimenticios de consumo masivo en treinta y seis países.

El caso de la suiza Nestlé es muy notable en este sentido. Fundada en 1905, hoy en día es la empresa de

---

26   Siempre recomiendo a todas las personas que tienen que tomar decisiones sobre la marca que consulten el vital libro escrito por Al Ries y Barbara Ries *Las 22 leyes inmutables de la marca*. Es un libro que ha servido de cabecera para la toma de decisiones y que, por la manera ligera y muy vivencial como fue escrito, será siempre parte de mis documentos de consulta permanente.

alimentos más grande del mundo con presencia global, producto de cientos de adquisiciones y fusiones con empresas de prácticamente todos los países occidentales. Su estrategia de marcas diferenciadas por segmento y país es muy significativa. Son incontables sus marcas a nivel global; sin embargo, en los productos que consideraron extender su marca optaron por una estrategia bastante singular al utilizar la primera sílaba de su marca original para innovar en otros segmentos de alimentos: Nescafé, Nestum, Nespresso, Nesquick, Nestea... En otros casos, han conservado las marcas posicionadas originales que han ido adquiriendo a través de la historia agregando debajo de ellas Nestlé en algunos casos y, en otros, manteniéndolas exactamente separadas como estrategia: Nido, Häagen-Dazs, Kit Kat, Cheerios, Cerelac, Purina, Acqua Panna, Carnation, Coffee Mate, Maggi, Perrier, entre otras.

No obstante que la extensión de una marca puede ser muy apropiada para algunos subsegmentos dentro de un segmento principal, parece muy evidente, por experiencia empírica, que extenderlas a otros segmentos es casi un suicidio. Las grandes marcas de automóviles son un caso de estudio: mientras que las europeas suelen mantener la marca para todos los productos agregando números o letras a sus modelos, los japoneses y estadounidenses han optado por submarcas, amparados por el prestigio de la marca principal, para cada modelo que lanzan al mercado Toyota: Land Cruiser, Corolla, Camry, Yaris, etc. Sin embargo, cuando deciden crear una orientada a un estrato social diferente, nace una nueva marca en todos los aspectos. En el caso de Toyota: Toyota, Lexus;

en el de Ford: Ford, Lincoln, Troller; en el de General Motors: Chevrolet, GMC, Cadillac.

Ahora bien, ¿qué ocurre en las empresas pequeñas o medianas? Se convierte en una fuente de desenfoque aún más peligroso, típico y cuyas consecuencias son devastadoras. Una cosa es la empresa y otra muy distinta son sus marcas. Cada marca debe dominar un segmento y, como es lógico, dentro del segmento debe diferenciar el *target* o grupo social al que se dirige, entre más especializado mejor. En caso de que se utilice la misma marca, se debe crear o entender muy bien el subsegmento que soportará la extensión de la marca: Coca-Cola, Coca-Cola Light, Coca-Cola Zero, etc. Al final todas son Coca-Colas con relativamente el mismo sabor original y las variantes de consumo del caso.

Pretender vender un producto nuevo apoyado en una marca o un producto propio que es líder en su segmento, sin que se haya generado una propuesta de valor para el producto nuevo

Un ejemplo de esto podría ser: "Te obligo a comprar el nuevo producto B y, si no lo haces, entonces perderás acceso a nuestro producto A, que es el líder del mercado".

Resulta muy común en personas experimentadas tratar de trasladar sus propios éxitos pasados a la generación de un nuevo emprendimiento, pretendiendo violentar las leyes de la creación de marcas, de segmentación de mercados y de consolidación de un nuevo producto o de una nueva división a una existente. Una de las formas comunes de esta actitud empresarial es abusar de las cadenas de distribución exitosas, con productos y marcas consolidadas, e imponer un nuevo producto o submarca empleando la estrategia de obligar a comprar el producto nuevo junto con la distribución del más renombrado y posicionado.

Con esta estrategia se pretende saltar de golpe todas las reglas básicas de creación de marcas, generando una muy negativa respuesta del mercado de reventa para productos de consumo masivo, o distrayendo servicios adicionales en cadenas de venta de servicios establecidos.

Estas estrategias, que pueden verse como equivocadas, pretenden saltar el crecimiento natural de la marca, siguiendo los pasos previos y necesarios de *Publicity* (hacer que los medios y el mercado hablen de tu producto o servicio sin inversión publicitaria directa) y luego los de publicidad convencional, para consolidarla. No niego que tales estrategias son comunes y, en muchos casos, exitosas, pero la mayoría de las empresas intentan ocultar el fracaso de cientos de ideas que habrían logrado éxito comercial sin tratar de violentar su natural tiempo de creación y consolidación, y que tomaron como estrategia de cuota de mercado inmediata el chantaje de la marca consolidada. La relación comercial se vuelve tóxica y, en el caso específico de productos de consumo masivo, genera una reacción desfavorable inmediata del revendedor que podría dar al traste con un buen producto o servicio.

Entramos en el terreno de si es correcto o válido el uso de las ventajas competitivas dominantes que tiene la empresa matriz consolidada y allí podemos encontrar diversos enfoques para evaluarlo. En principio, es lógico y muy pertinente, pero podría convertirse en un bumerán a mediano y largo plazo.

Estimar el crecimiento en términos del tamaño actual de la totalidad del segmento de mercado, sin haber iniciado una estrategia de segmentación especializada

Si el producto se lanza sin características diferenciadoras de mercado ni de calidad intrínseca, precio, etc., que validen y provean al creador con una nueva categoría o hipersegmento en la mente de los consumidores, entonces estimar una participación que irrumpa en el tamaño de la torta actual es una sobreestimación de la capacidad de un producto de entrada y es claramente un desenfoque de estrategia.

Por lo tanto, si un mercado tiene un segmento que tiene un tamaño de X, pretender cualquier porcentaje de él sin haber preparado la desegmentación del mismo es una sobreestimación del posible tamaño de su propio producto y de las ventas, por lo que financieramente se puede generar una falla temprana, mucho antes de lo previsto, porque se puede equivocar la estrategia de mercadeo, distribución, etc.

En el caso de un producto que peleará exactamente en el mismo segmento y *target* de entrada, entonces el referencial del tamaño del segmento es indispensable y se deben evaluar otras ventajas competitivas, como distribución o presencia regional, para poder anticipar la oportunidad real en ese segmento competido.

En conclusión, considero un error construir un nuevo segmento de mercado apoyado exclusivamente sobre una marca líder en otro segmento. La excepción a la regla es cuando los productos complementan el segmento entre ellos y, a pesar de ser especializados, su uso es para un fin general similar. Un ejemplo de esto podrían ser los repuestos para autos, los productos para el tratamiento del cabello, los productos para el cuidado de la piel o los cosméticos. Si tomamos uno de estos ejemplos, supongamos que tenemos una empresa que produce champú y acondicionador y ahora deseamos agregar uno nuevo para combatir la caspa. Se puede decir que champú y acondicionador son un solo segmento; claramente, el cuidado de la caspa es un segmento menor del segmento anterior, o uno diferente del cuidado del cabello, por lo que agregar esta característica parece complementar el segmento original y hasta cierto punto podría tomar parte de él. Este es el caso de la marca Head & Shoulders (cabeza y hombros), que ha tratado y conseguido tomar parte del segmento de champú y acondicionador agregando la prevención de la caspa. La necesidad específica de combatir la caspa es menor que la necesidad de lavar y acondicionar el cabello. Sin embargo, esta suma de beneficios toma parte de la torta del mercado original haciéndolo más competitivo. Muy diferente es tratar de innovar con una marca especializada en un segmento diferente, como tinte para cabello. Todos son productos para el cabello; sin embargo, es muy difícil que puedan ser introducidos con la misma marca, por ejemplo: Head & Shoulders tinte para cabello. El caso es sumamente obvio, pero sirve para ejemplificar este tema, muchas veces difícil de identificar.

Este tema específico del *branding* y el uso de una marca en nuevos productos o servicios es sumamente complejo y tiende a dar como resultado una estrategia de lanzamiento y retirada, o de cambio. Será el consumidor el que tome la decisión final. Sin embargo, asumir riesgos gigantes tomando como base una marca consolidada es muy peligroso para ambas. De allí este desenfoque.

Desenfocado #13

Yo soy el jefe

Afirmar que solo el fundador o director en jefe puede dirigir una empresa no es solo común en personas a punto de retirarse. Muy por el contrario, durante toda mi vida me he enfrentado a esta afirmación, incluso en personas menores de treinta años. De allí que he decidido traerla como un nuevo caso de desenfoque.

No se trata del cuestionamiento de la exitosa experiencia previa, sino de la incapacidad de aceptar visiones ajenas a la propia para guiar el destino de una empresa. Sin embargo, hay casos muy reconocidos opuestos a esta situación y que son objeto permanente de estudio en el mundo entero. El caso de Apple es sin duda uno de los más reconocidos. Steve Jobs fue destronado de la dirección de Apple cuando trataba de imponer sus criterios de evolución de la marca y sus productos. Increíblemente, más de una década después, la junta directiva decidió traerlo de vuelta y se convirtió en el genial motor de su renacimiento, alcanzando una fidelidad de marca hasta cierto punto obsesiva de los usuarios del ecosistema Apple, como pocas veces se ha conocido en la historia empresarial moderna.

Ahora bien, esa es una de las excepciones de la regla y, como norma, las excepciones no funcionan para definir estrategias empresariales aceptables y mucho menos para tomarlas como guía para la acción.

En líneas generales, la incapacidad de un director, dueño o fundador de permitir nuevas ideas, por más que haya sido el creador de una marca, producto o servicio, podría desenfocar la estrategia empresarial hasta el punto de hacerla desaparecer. Todo esto parece muy obvio; sin embargo, es sumamente común. Muchas veces no se trata de terquedad; más bien es la incapacidad de aceptar la innovación necesaria para sobrevivir. Las empresas deben estar en constante proceso de innovación. Esta capacidad no es única de su fundador y tampoco permanente. No se estudia en la universidad y no se puede entrenar a alguien sobre ella de una forma académica. En algún momento se puede contar con ella y si esa oportunidad se presenta justo cuando estás desarrollando una idea de negocios, entonces todo florece a tu alrededor, pero la experiencia me dice que estos momentos de innovación suelen ser más bien circunstanciales; es como si esa ventana de oportunidad se nos abriera a todos en algún punto del camino, pero lamentablemente carece de las condiciones que necesita la empresa, que no son otras que la posibilidad de que estas ideas cuestionadoras o renovadoras sean tan permanentes en el tiempo como sea posible. Lo cierto es que veo una y otra vez cómo la estructura creativa de las empresas se agota con el paso de los años y el reto está en generar un equipo ejecutivo hábil que consiga, con el pasar del tiempo, que esa estructura creativa se renueve, sin dejar de lado la experiencia empresarial.

Un caso bastante común en el mundo empresarial de hoy es la avalancha de información que reciben todas las industrias sobre cómo ven las nuevas generaciones el éxito enfocado en los resultados de determinada presencia digital, en redes sociales o en buscadores, así como en temas de tesorería y finanzas, como lo son las criptomonedas. Así es como se vuelve común escuchar en reuniones de negocios frases como: "Aquí lo que hace falta es un *community manager*", "una estrategia de *influencers*", "una campaña agresiva de palabras de búsqueda en plataformas como Google", y todo tipo de iniciativas que giran en torno al mercadeo y éxito asociado al internet y a lo digital. Lo cierto es que, en muchos casos, estas iniciativas pueden estar perfectamente justificadas desde el punto de vista de mercado, ser financieramente coherentes con la estrategia general de negocios pero en muchísimos otros casos no. Tanta brecha tecnológica en una empresa genera un cortocircuito entre los ejecutivos originales y los recién llegados, quienes pueden librar interminables batallas de criterios que ralenticen el desempeño de la empresa. Muchas veces hemos denominado a este tipo de circunstancias como paquidérmicas. La empresa se convierte en un paquidermo cuando la burocracia y/o las guerras internas no le permiten adaptarse a los cambios necesarios y la hacen lenta y torpe para adaptarse a la nueva era.

Hace apenas unos años no existía una empresa de base tecnológica más sólida que Intel. Creció sin parar durante décadas. Ese crecimiento trae muchas divisiones, muchos departamentos y demasiadas barreras que le hacen difícil adaptarse a los cambios. Ese, considero, es el caso de esta gigante tecnológica. Nuevas empresas tomaron el control de los microchips durante la última década y se convirtieron en sólidas amenazas a su reino. Nvidia, AMD (Advanced Micro Devices) y otras, montadas en la nueva ola de la IA (inteligencia artificial), han ganado muchísimo espacio, dejando a los "viejos chips Intel" muy rezagados y probablemente en el olvido, a pesar de ser esta una empresa de tecnología que dominó ese segmento durante décadas.

Resalto este caso para abrir los ojos de quienes se enfrentan a retos de innovación y pongo de relieve el ejemplo más fácil de entender: la brecha de creación y usabilidad tecnológica entre diferentes componentes de una organización. Pero estas brechas también ocurren en otros temas sensibles como: ingeniería, sistemas, procesos, producción, etc. Ahora bien, este choque interno de trenes, cuando ocurre, tiene un resultado muy devastador, que no es otro que la paralización. Cuando una empresa paraliza su proceso de innovación, abre una gigantesca compuerta a la competencia que la pone en una situación de riesgo en el corto plazo. Esta circunstancia puede influir negativamente, de manera tal que otros atributos de mercado comiencen a desvanecerse y, por lo tanto, comience a perder sus espacios, las finanzas sufren las consecuencias y se inicia el ciclo de desaparición.

Y entonces, ¿cuál es el desenfoque en ser el jefe? Consiste en no reconocer las brechas de innovación que existen entre nuestra forma de hacer un negocio durante un período determinado y la velocidad con la cual se presenta un cambio de paradigma al que debemos adaptarnos.

Yo me atrevo a decir que en el único sector en el que se puede sostener un modelo antiguo sin importar los cambios bruscos es en el artesanal. Y no por ello me refiero a pequeños artesanos. Hay grandes empresas cuyos procesos e instalaciones no cambian o varían muy paulatinamente durante el tiempo, la innovación lleva años de desarrollo y prefieren mantener su esencia en el tiempo. Algunos relojeros suizos, como Rolex, han visto un incremento exponencial de demanda de sus productos en el mundo entero, principalmente debido a la incorporación del gigantesco mercado asiático a los productos occidentales de lujo tradicionales. A pesar de una sobredemanda sostenida de sus productos durante años, estas empresas parecen mantenerse firmes en sus criterios de fabricación manual y han demostrado ser invulnerables a estos cambios. Podríamos decir que están sostenidas sobre un prestigio de marca de más de un siglo que no es tan fácil de hacer desaparecer, especialmente cuando la sobredemanda incrementa los precios en el mercado negro, sin que los consumidores aparentemente se muevan en otra dirección.

Salvo estos casos, lo empresarialmente correcto es entender que necesitamos incorporar innovación técnica y de mercadeo para poder sobrevivir. Estar en la cima no significa que lo estés para siempre.

No toda innovación es pertinente, viable o sustentable y el peor escenario ocurre cuando esa innovación entra en el terreno de las tendencias. Allí es cuando la experiencia te puede dar una inmensa ventaja para separar lo efímero de lo trascendente, aunque en este terreno reconozco que hay mucho más de arrojo personal que de bolas de cristal. Pero dar la espalda a la innovación apoyándonos solo en la experiencia es simplemente arrogancia y falta de visión. La innovación no solo se refiere a vanguardia tecnológica ni a nuevos productos, sistemas, desarrollos, mercadeo, etc., sino a la capacidad de mirar el futuro con un horizonte amplio que a la vez te permita sobrevivir en un mundo en que los grandes cambios ocurren en días y no en décadas, como solía ser.

En conclusión, la innovación puede ser aplastada por la arrogancia disfrazada de experiencia. Y este es el camino directo al fracaso. No siempre es necesario echarse a un lado o dejar el camino a las nuevas generaciones; más bien se trata de hacer una exploración amplia de opciones, desde dejar el rol de director ejecutivo, subir a una instancia de gobierno corporativo que sea adecuada para el tamaño de la empresa o simplemente escuchar sin prejuicios y resolver cuál será el rumbo correcto a seguir.

Por otro lado, consiste en comprender que las iniciativas también sufren momentos de sequía y a veces, lamentablemente, las ideas se agotan. Esta situación puede acarrear diferentes respuestas de parte de quien ha sido históricamente "el jefe", pero lo cierto es que reconocerlo no es sencillo, a menos que se cuente con una mente muy abierta.

La virtud no radica en que las ideas brillantes salgan de una sola mente; eso es irreal y, además, imposible. Se trata de lograr canalizar las iniciativas de los miembros de la organización y aceptar valiosas opiniones de expertos para que exista un proceso virtuoso de ejecución de ideas que contribuyan al beneficio; o bien de simplemente asumir las realidades de mercado imperantes para poder dar paso a lo novedoso, lo apropiado, que permitirá a la empresa competir con miras al futuro. La siguiente frase se le atribuye a Phillip Kotler[27]: "Me maravillan las empresas que han aprendido a hacer de la innovación una rutina porque están permanentemente construyendo el futuro".

---

27 Phillip Kotler: economista estadounidense. Nació en Chicago, Illinois, el 27 de mayo de 1931. Es considerado uno de los padres del mercadeo actual. Sus enseñanzas y conceptos han contribuido al éxito de innumerables empresas alrededor del mundo. Sus numerosas publicaciones desde los años sesenta han sido fuente de estudio en las más prestigiosas academias durante más de cinco décadas.

Desenfocado #14

Tengo miedo

El paralizador miedo… ¿cómo lo enfrentamos? Es, sin duda, una poderosa fuerza a la que temer. Gran parte de los dominios sociales, políticos y religiosos a través de la historia se han conseguido con el uso del miedo. El temor frena el impulso natural de arriesgarse a hacer algo nuevo, a salir de la zona de confort. Enfrentarlo es una habilidad difícil de dominar, pero absolutamente necesaria no solo cuando pones en marcha tu idea, sino a través de todas las diferentes etapas que requieren un salto tecnológico, un cambio de estrategia o afrontar realidades adversas.

Son muy comunes los refranes populares que hacen alusión al miedo en sus diferentes acepciones y que forman parte de la reacción común de los humanos frente a su presencia, algunas para evitarlo, otras para enfrentarlo: "El que no arriesga ni gana ni pierde", "El miedo es libre", "El miedo te mantendrá vivo".

De las situaciones en las que el miedo domina y logra descolocarnos, paralizarnos, cohibirnos y a veces renunciar a nuevas experiencias, la más repetida que he escuchado en toda mi vida es con respecto al mar. No es otra que la frase que estoy seguro todos han escuchado alguna vez: "Yo respeto al mar", o "al mar hay que respetarlo". Aunque puedo coincidir con la precaución que se le debe tener a un medio que es hermoso, ajeno y peligroso al mismo tiempo, ese respeto, aprendido quizá de generación en generación, en realidad representa muchas cosas: desconocimiento, precaución, vulnerabilidad, etc., todas las cuales connotan miedo. Identificarlo nos permite descifrar cuándo aparece con el camuflaje de otra palabra u oración. Descubrirlo a tiempo, cuando está en el proceso de frenar o incluso de inducirnos a descartar una iniciativa empresarial, es vital para poder seguir adelante.

El miedo ha sido y siempre será una de las armas más efectivas en la guerra, en la sumisión, en el dominio, en la postración y en todo tipo de situaciones de carácter social o político. Nuestra tarea es entender cómo enfrentarlo para que no cumpla su oculto objetivo de desenfocarnos; por eso les relato las siguientes vivencias en las que se ha enfrentado efectivamente.

Durante años he estado indagando y analizando sobre este tema del miedo para tratar de definirlo, clasificarlo, evaluarlo y también pasarlo por alto en tanto sea pertinente a la hora de iniciar una idea de negocios. No se trata de un ejercicio osado de irresponsabilidad empresarial; más bien se trata de evitar la ansiedad que produce lo imprevisto con técnicas que pueden matizarlo, disminuirlo o canalizarlo, hasta el punto de que el paso que vas a dar no sea percibido como un salto al vacío.

Tampoco consiste en pasar horas trabajando hojas de Excel para realizar proyecciones de estados financieros de resultados futuros, basados en premisas conocidas y desconocidas, con la única finalidad de sobrecargar de datos tu propia decisión, a tal punto que quede diluida o difusa en tu razonamiento. Por cierto, esta es la estrategia más común de los captadores de inversión de capital de riesgo: generar tanta información financiera y contable como sea posible, para confundir el centro de toma de decisiones del inversor, si es que este no es un profesional. Los inversionistas profesionales ni siquiera voltean a verlos en primera instancia; se concentran en el producto, el mercado y la capacidad del emprendedor, en nada más.

No debemos descartar ese temor que puede haberte invadido en algún momento de tu ciclo de emprendimiento, y esto podría significar que no estás listo para iniciar la empresa que has pensado. Es probable que sientas la necesidad de conseguir conocimiento técnico antes de seguir adelante, aunque lo común es que este sea el aspecto que más se domine a la hora de emprender pero haya carencias en otros temas: jurídicos, laborales, financieros y de mercadeo. Comprender y seccionar los temas en dos grupos es muy productivo para comenzar: los que dominas y los que no.

Vencer el miedo consiste en aplicar algunas normas básicas que permitan ir desplazando los supuestos negativos y distractores para convertirlos en datos ciertos. Una vez concebido el producto o servicio, hay que realizar un mapeo detallado del espacio que pretende cubrir, tanto en forma de participación de mercado como territorialmente. Un análisis profundo de la competencia, todo ello basado en los siguientes conceptos que permiten alejar la incertidumbre tanto como sea posible para poder tomar las decisiones correctas sería:

Sé hiperrealista

Ser hiperrealista es el primer paso para poder seguir avanzando en el deseo de lanzarte a la aventura de proponer una idea nueva, bien sea esta por cuenta propia, asociada a otras personas o como una propuesta dentro de una institución o corporación. Es una actitud aguda de observación de todo el entorno que rodea la idea. Esa actitud debe ser honesta, transparente y limitada en el tiempo. Una vez recogidos los datos de una manera transparente, con todas las realidades que circundan un proyecto y con todos esos datos ordenados en un mapa de definición del modelo de negocios que acompaña tu idea, entonces habrás avanzado un largo trecho en vencer el temor inicial.

Ser hiperrealista es observar agudamente la idea y su necesidad en el mercado, hacer pruebas de campo, *focus groups* (grupos de enfoque), recoger detalladamente los resultados, registrarlos, analizarlos y procesarlos. También es escuchar con mucha atención lo que el mercado está solicitando respecto a esa necesidad no resuelta y la innovación. Ser hiperrealista es lo opuesto al sobreconvencimiento, entendido como la necesidad de validar nuestra iniciativa a toda costa. Esta habilidad requiere práctica, también poner los pies sobre la tierra y por supuesto formación profesional para obtener data veraz que permita poner una idea en marcha.

Ser hiperrealista implica hacer correcciones, variantes y nuevas ideas que se ajusten mejor a la realidad. Ser hiperrealista es evitar imponer tu idea a toda costa y escuchar.

Del libro *Principios* (*Principles*), del exitoso empresario Ray Dalio, he tomado esta fabulosa idea:

Ser hiperrealista te permitirá escoger tus sueños inteligentemente y luego hacerlos realidad. Yo he encontrado que lo siguiente casi siempre es una verdad: Sueños + realidad + determinación = una vida exitosa. Las personas que alcanzan el éxito y generan progreso comprenden profundamente la relación causa-efecto que gobierna la realidad y cuentan con principios que usan para lograr lo que desean[28].

Esta recopilación de información, que te va a permitir contar con un arsenal de datos, circunstancias y escenarios para poder seguir adelante en la realización de tu idea, debe contar con las siguientes características:

Honesta – Realista – Actual – Suficiente

Honesta: consiste en recoger con veracidad absoluta los datos que te permitirán ser realista en el planteamiento que te haces de una idea de negocios. Es recoger la data pura sin matices y tratar de procesarla a partir de allí.

---

28 Del libro *Principles*, Ray Dalio. Página 134. Traducción del autor.

Realista: es recoger la información suficiente y verdadera con respecto a los diferentes aspectos del emprendimiento: segmento, territorio, competencia, temas financieros y de mercadeo imprescindibles y necesarios que se deben tomar en consideración para evaluar la verdadera oportunidad.

Actual: toda la información debe corresponder a una realidad actual y basada en un plazo que examine el pasado reciente hasta tanto sea prudente analizar. Nunca se deben considerar datos con saltos de tiempo.

Suficiente: data que sea pertinente y cuantificablemente válida para avanzar en la toma de decisiones que permitan definir una estrategia desde el punto de vista estadístico. La información o data incompleta se traduce en decisiones equivocadas.

Todas ellas son vitales y necesarias, no son una lista hipotética; son, en definitiva, tu tabla de salvación frente a un desastre que aún no has podido ver. Y quizás serán los datos que te permitan corregir el rumbo una vez has decidido zarpar en tu aventura.

Evita el idealismo

Soñar con una idea que se transforme en una propuesta de negocios y que encuentre un espacio en el mercado es la meta de todos. Si no fuese por ese grado de arrojo, innovación, creatividad, inteligencia, virtud o como quiera que se llame a ese impulso emprendedor, el mundo sería aburrido y no existiría nada nuevo. Pero una cosa es el idealismo sano y necesario y otro la ceguera de querer imponer condiciones a un mercado solo porque es tu forma de verlo y porque nadie como tú podría entenderlo. Atención: esto ha funcionado algunas veces en la historia, pero no es el común y evaluar nuestras capacidades tomando por modelo a los genios no es muy brillante; al contrario, es inmadurez.

El idealismo es una terquedad ciega de tratar de convencerte y persuadir a los demás sin haber transitado el paso previo de haberte convertido en un hiperrealista. Este idealismo es muy delicado cuando tus planes son presentados a posibles inversores dentro del primer círculo de captación de inversión *Friends & family*, rondas de inversionistas de capital de riesgo o juntas de gerencia de corporaciones o empresas consolidadas. Demuestran inmadurez, candidez y poca preparación. Es mejor optar por el hiperrealismo y dejar el idealismo de lado, apoyándote en la innovación cuantificable, medida y muy analizada.

Elige a quién escuchas

Sobre este tema ya hemos esbozado algunas ideas a lo largo de este texto. Se trata primordialmente de elegir con mucha atención a quién le preguntas y por qué decidiste preguntarle a esa persona en particular. Las opiniones al voleo de interlocutores no calificados son un detonante paralizante y la gasolina que necesita el miedo para dejar tu propuesta en el olvido. Aunque suene tan obvio, no me arrepiento de decirlo una y otra vez: no escuches cualquier opinión. Y mucho menos lances la pregunta a un grupo o persona sin haber analizado con detenimiento y responsabilidad por qué les vas a preguntar a esas personas en particular.

Como ya hemos explicado antes, escuchar no solo se limita a quién; también incluye dónde, cuándo y por qué. La elección de estas tres variables puede incluso anular la decisión inicial de a quién preguntas porque, colgando de estas tres variables, podrías haber elegido a la persona correcta pero equivocadamente el lugar o el momento en el que lo abordas. Es preferible que te arriesgues a solicitar una breve reunión en otro momento; sin embargo, igualmente tendrás casi siempre una respuesta incorrecta o insuficiente. Un ejemplo sencillo de esta situación es encontrar socialmente a la persona correcta y, en lugar de solicitarle una reunión, lanzarte a hacer la pregunta técnica que deseas aclarar, por ejemplo, en un bar, tarde en la noche o cuando su atención está en otra cosa muy distinta, como un evento deportivo, un concierto, etc.

En cuarta posición de este esquema de consejos antimiedo, te propongo asumir que ya has dado algunos pasos previos; quizá ya se han invertido algunos recursos económicos; quizá te has dedicado durante muchísimo tiempo a la idea y resulta que ocurre lo que es común: parte de ella o el todo no son factibles, requieren modificaciones, o simplemente son inejecutables... entonces:

Asume el riesgo del fracaso como un aprendizaje

Este pensamiento es vital, incluso antes de comenzar con el primer paso, es decir, es apropiado tener en mente con antelación cuál será tu reacción a esta pregunta: "¿Y si fracaso?". Bien, no hay forma de ponderar con precisión los alcances personales y las consecuencias para cada uno a la hora de un fracaso. Pero podemos entrenarnos para entender de qué forma los vamos a asumir. En mi experiencia, haber desarrollado una coraza ante el fracaso es ya una parte integral del proceso de creación de empresas. Y la razón es que esos desvíos, aprendizajes y errores son los que, al ser internalizados como conocimientos, me han permitido avanzar muchísimo en los siguientes negocios, atesorando las causas de dichos fracasos, las cuales, o bien se convirtieron en un grave error por corregir, o la idea pasó a su descarte definitivo. Todos ellos se transformaron en piezas de la caja de herramientas del fracaso. Sí, una caja de herramientas de la cual hago uso permanente; voy a ella a cada rato, porque allí hay décadas de experiencias acumuladas que, por haber constituido un aprendizaje doloroso, las guardo con mucho recelo. Estos conocimientos son vitales para seguir adelante; pero lo más importante es que te permiten seguir intentando las ideas sin que sea un lastre infranqueable, y por ello, mantén a la mano la caja de herramientas que te han proporcionado los fracasos, errores y tropiezos; será muy útil a lo largo de la vida.

Estoy seguro de que existirán muchas otras formas de enfrentar el miedo, pero son estas las que me han permitido seguir un patrón de análisis a la hora de evaluar una oportunidad. Las comparto con la intención de que sirvan de mapa de acción y de que sean útiles para lograr tu propósito a pesar de confrontar el temor de avanzar hasta lograr tus metas.

Desenfocado #15

Llegó el "mesías"

Los vendedores son personas perspicaces, astutas, rápidas, de verbo fácil, elocuentes, inteligentes y divertidas. También pueden ser mentirosos, exagerados, falsos, interesados y deshonestos. Encontrar un buen vendedor no es suficiente para tomar la decisión de incorporarlo a nuestra idea, sino que es necesario separar la venta de la sustancia y escudriñar a fondo para no quedar desenfocados por una tercera persona innecesaria. No podemos separar el éxito del proceso de venta. No conozco triunfo sin un gran vendedor detrás. Vender una idea, vender una estrategia o venderse a sí mismo son todas esencias necesarias para alcanzar el éxito, y allí es donde surge la duda: ¿soy un buen vendedor?

La venta se entendía como un oficio, el de comerciante —ese que vende cosas— y no como una virtud indispensable con la que se debe contar en todo momento y que debe valorarse siempre como prioritaria entre las condiciones fundamentales de una persona o de una organización en miras de alcanzar sus objetivos. Es por ello por lo que los departamentos de ventas son tan valorados en las empresas y es por ello por lo que se asume que reciben parte de los ingresos; así de importantes son.

Todos hemos estado en la situación de cuestionarnos quién es la persona adecuada para llevar adelante un proyecto. Quién es la más preparada, la que ofrece mayores garantías, la que tiene las conexiones sociales necesarias, el conocimiento técnico y, por último, la experiencia. Esto ocurre comúnmente cuando las circunstancias presentan retos extraordinarios, cuando comenzamos a dudar de nuestros propios intereses al frente de una empresa que hemos dirigido o cuando simplemente el proceso futuro nos sobrepasa y queremos asegurarnos de que estamos en manos expertas y mejores que las nuestras para enfrentarlo.

También ocurre esta circunstancia cuando estamos del otro lado del espectro: se nos presenta una idea en calidad de inversionistas de capital de riesgo, como posibles miembros de una junta directiva o como asesores o mentores.

No obstante todo lo anterior, contar con la mejor persona posible para los retos de alto calibre es, como se puede inferir, fundamental para el éxito. Sin embargo, es muy fácil quedar deslumbrado por factores que no necesariamente son los indispensables para tomar una acertada decisión.

No pretendo descalificar los argumentos que puede presentar un candidato para ser evaluado en una alta responsabilidad de manera que lleve a cabo de la mejor forma los objetivos planteados o necesarios a futuro. El análisis minucioso de los perfiles técnicos y personales es, desde hace muchísimas décadas, un área de especialización como lo es la de recursos humanos. Pero lo que sí es necesario comprender es que, después del análisis técnico, siempre queda ese último impulso, esa última cosa que nos lleva a tomar la decisión de entregar un proyecto a una nueva persona, de evitar que estemos en presencia de un falso salvador —mesías— y no desenfocarnos en la correcta selección. Los más importantes aspectos que pueden llevarnos a errar en esta selección son:

- Hoja curricular abultada con exceso de aspectos académicos sin relevancia.
- Muchísima experiencia laboral en papel. Títulos suntuosos y descripciones epopéyicas de responsabilidades pasadas. Sobreestimación de participación personal en éxitos empresariales pasados. Cambios repetidos de empleo en períodos inferiores a dos años.
- Exceso de confianza en sí mismo. La labia del estafador. Demasiada información innecesaria y poco relevante en la entrevista.
- Mucha empatía con la persona, bien porque ha sido persuasivo o porque tiene una relación previa con el contratante o inversionista.
- Conocimiento profundo de un negocio de moda en el que el aspecto técnico es novedoso o complejo e históricamente muy vago por la innovación reciente, lo que puede aturdir al emprendedor, al inversionista y al más versado de los empresarios por igual. Pongo de ejemplo el modelo de criptomonedas de reciente ebullición.

Ninguno de los anteriores puntos es negativo en principio; por el contrario, son los elementos cuantitativos y cualitativos de la persona los que debemos evaluar; sin embargo, tenerlos siempre presentes como factores subjetivos de desenfoque es vital. Si tenemos la clara idea de que estos aspectos pueden influir en la toma de decisiones y de que, más allá de todos estos requisitos técnicos y fundamentales, se trata de compartir visión y estrategias, estaremos en la vía de evitar desenfocarnos y así lograr pescar al candidato adecuado.

He visto innumerables casos de perfectos inútiles con abultados CV y con una labia sin límites. Algunos, sobre todo en rangos corporativos medios, han logrado desentrañar la técnica de la selección de talento a tal punto que lo han convertido en un deporte o pasatiempo. Una vez adentro, todo aquello cambia a convencionales destrezas que generalmente son descartables o sustituibles.

En una oportunidad un inversionista, uno de los primeros que realmente se animó a formar parte de una empresa que había creado, me dijo: "Podemos revisar papeles por semanas, a mí lo único que me importa son las personas que dirigen este proyecto". Y no lo dijo por desconocimiento técnico ni por falta de profesionalismo de inversión, del que tenía muchísimos kilómetros recorridos, sino por dejar en claro que la decisión final cuenta con una determinante carga de intuición. Hasta ese momento —tenía yo aproximadamente treinta y cuatro años— vivía en la eterna pregunta: "¿Lo habremos hecho correctamente?", en cuanto a la presentación de nuestros argumentos técnico-empresariales en papel, y nos preguntábamos continuamente si eso que mostrábamos era relevante y suficiente. De hecho, en varias rondas de adquisición de inversionistas de capital de riesgo que eran dirigidas por agentes corporativos de inversión y, en muchos casos, empresas de inversión de capital de riesgo de Nueva York, esta circunstancia se complicaba aún más.

Ambos grupos, inversionistas y emprendedores, estaban tratando de sostener el éxito futuro del proyecto con base en criterios de gerencia, sin tomar en consideración que unos y otros podrían terminar siendo vendedores hábiles o analistas de papel. Todo aquello, ocurriendo simultáneamente en el mundo entero, dio lugar a la explosión de la burbuja especulativa de las "puntocom", apenas comenzando este siglo XXI. Fui testigo de esa burbuja especulativa en varios países latinoamericanos y vi cómo aquello era mucho más una competencia de *illuminati*[29] —con o sin papeles— que de verdaderos modelos de negocios alcanzables, ejecutables y sostenibles en el tiempo.

La persona a quien vamos a entregar las riendas debe tener una clarísima visión compartida de la idea fundamental y debe igualmente dar suficientes argumentos de capacidad de ejecución inmediata de los cambios o estrategias que, a su criterio, permitirían alcanzar los objetivos propuestos.

---

29   Los *Illuminati* de Baviera, Alemania, fueron una sociedad secreta de la época de la Ilustración, fundada el 1 de mayo de 1776, aunque el 12 de agosto es cuando se celebra el Día Internacional de los *Illuminati*. Manifestaban oponerse a la influencia religiosa y los abusos de poder del Estado. El gobierno de Baviera prohibió la organización de los *Illuminati* (junto con otras sociedades secretas) y esta se disolvió en 1785. Se presentaban como grandes pensadores que estaban sobre los paradigmas de política y religión que dominaban al mundo en el siglo XVIII. La referencia que hago es del uso coloquial de la palabra "iluminados", sin tratar de exponerla en el concepto ni contexto histórico.

Se puede decir que este caso de desenfoque es perfecto para el refrán popular que dice: "No todo lo que brilla es oro". Y se puede agregar que, si terminas creyéndolo, es muy probable que termines invirtiendo más dinero del necesario para la tarea o responsabilidad del caso. Entonces habrás dilapidado recursos indispensables para otras áreas o personas.

Los mesías del deporte y el arte

Dejando de lado el mundo empresarial corporativo, donde se sobreentiende que existen criterios profesionales para la toma de decisiones, quiero exponer el caso donde considero que se cometen las más grandes aberraciones de presencia del falso mesías.

Es interesante que, en el mundo del deporte y del arte, nos encontramos con títulos tales como: manager, marchante, representante, etc. Estos, en realidad, vienen a cubrir una deficiencia que le es innata en principio a quien tiene el talento, que no es otra que la venta y maximización de su virtud y la administración de los recursos producto de ello. Es en esta área donde se presenta con mayor escándalo la presencia del "mesías" que salvará el día.

Todos conocemos historias de cómo artistas y deportistas de alta competencia han sido estafados por estos mesías estafadores, principalmente en las etapas tempranas de su desarrollo profesional. Atletas, cantantes, grupos musicales, actores y actrices, escultores, pintores han sido víctimas de este desenfoque. La mayoría de las veces porque caen en la confianza previa en una persona muchas veces incapaz y, por falta de experiencia, están desenfocados basados en la confianza personal previa.

Por el contrario, muchos otros talentosos deportistas y artistas se ven envueltos en la recomendación grupal que los lleva a contratar a verdaderos tiburones corporativos dedicados a estos menesteres. Estos gigantes corporativos también pueden entrar en la clasificación de mesías que deslumbran a quienes los contratan con estrategias muy estudiadas a través de la experiencia y la recomendación. En estos casos, los formatos de representación están estandarizados por la industria y el margen de maniobra de un talentoso individuo es bastante limitado, a menos que se trate de una verdadera excepción de talento y de jugosas comisiones en las que, seguramente, se decanta por contratar a otro, generalmente un abogado, para que negocie en su nombre con la agencia de representantes. Así de complicado puede volverse este asunto.

El último caso de estafa en este desenfoque ocurrió a manos de un traductor y estafador japonés que, aprovechando el total desconocimiento del deportista del idioma inglés, cometió estafa tras estafa, pensando que saldría ileso y poniendo en riesgo la carrera profesional de uno de los más talentosos deportistas de la MLB (Mayor League Baseball) en los últimos tiempos. Los mesías tienen muchas caras, profesiones, habilidades y también deficiencias. Muchos de ellos son estafadores, aunque parezcan profesionales capacitados.

Tanto los primeros (personas) como los segundos (corporaciones) deben tomarse muy en serio a la hora de tomar la decisión de a quién contratar para la representación de un talento. Por ello, cada vez que pienses: "Llegó el mesías", vuélvelo a meditar una y otra vez y, con ello, evítalos a toda costa.

Enfócate

Hemos repasado quince situaciones en las que se puede perder el enfoque, muchas de las cuales podrían pasar totalmente desapercibidas en el proceso. Mantenerlas presentes a lo largo de los años puede evitar grandes tropiezos que quizás podrían interrumpir tu carrera o hacerte perder una buena idea o negocio.

He comprobado que la mayoría de las veces entendemos el enfoque como un asunto de mercadeo corporativo o de estrategia empresarial. Sin embargo, me queda claro que, antes de pasar a analizar profundamente los aspectos propios del desenfoque de las compañías o de sus marcas, debes emplear tanto tiempo como puedas en identificar los peligros a los que nos hemos referido en los quince desenfoques que hemos expuesto. Cuando estamos muy claros en aspectos personales en los que se centra el espíritu emprendedor, surgen ideas brillantes y adecuadas a la vida de quienes las fomentan y por lo tanto tendrán, de acuerdo con esta óptica particular, mucho mejor oportunidad de desarrollarse de forma inteligente, humana y muy enfocada.

Dentro de una corporación, los aspectos de desenfoque se concentran en segmentos nuevos, adquisiciones, fusiones y muy especialmente en el lanzamiento de marcas para cubrir nuevos escalones del mismo negocio o diferentes segmentos. Pero es muy importante, para quienes analizan una nueva oportunidad de negocios, desentrañar adecuadamente los aspectos personales en primera instancia, para entender si en el entorno de la vida ese emprendimiento cobra sentido. También lo es el análisis de los casos de desenfoque corporativo y la apreciación que de ellos puedan haber estudiado a través de los años los diferentes asesores en mercadeo, estrategia y *branding* más reconocidos, como Al Ries. Estos expertos de categoría universal realizan densos análisis de errores corporativos transitados por los ejecutivos de las grandes corporaciones orientados principalmente a tamaño, poder y dinero. En este sentido Ries, en su libro *Enfoque*, publicado en 1996, sostiene lo siguiente:

> Algunos directivos equiparan tamaño con poder. ¿Acaso una compañía grande es más poderosa que una compañía pequeña? No necesariamente, una compañía fuertemente enfocada es más poderosa que una compañía desenfocada.

Estando perfectamente de acuerdo con este planteamiento, debo advertir que, en los inicios, un emprendedor, muchas veces solo o acompañado simplemente con quienes comparten sus ideales, se enfrenta a otros desenfoques desde la particular visión del creador de la idea, del fundador.

Esas fortalezas con las que cuentan algunos de forma casi natural y que los convierten en exitosos empresarios no están siempre presentes en cada uno de nosotros, y muchos hemos pasado por procesos largos de aprendizaje que constituyen una forma particular de enfrentar las numerosas situaciones que vivimos a diario. Algunas de ellas las reconocemos de inmediato; es como si de pronto se presentara una situación en la que pudieras decir: "Ya he estado allí y sé cómo resolverlo". A pesar de que pueden presentar matices diferentes, en el fondo sabemos casi intuitivamente cómo reaccionar a ellas. Pero otras no; otras requieren un razonamiento más profundo que nos permita ubicarnos en un territorio que podamos reconocer, identificar. Muchas de esas circunstancias novedosas nos colocan frente a la situación de reaccionar inmediatamente, pero la mayoría de las veces es más apropiado hacer una pausa.

A continuación, expongo algunas estrategias que me han servido para enfrentar la incertidumbre o las circunstancias complejas que se aparecen en el día a día de los negocios; estas son:

No comentes tu idea

Una buena idea no se comenta en público. Como ya hemos visto, la interacción casual de tu idea no es nunca una buena idea. Debes elegir con asertividad y mucho criterio un interlocutor válido para ti para hacer una exposición de ella. Lo mismo ocurre dentro de la organización cuando deben desarrollarse nuevas estrategias, productos, servicios, etc. El proceso de selección de quienes son valiosos para el análisis específico de cada caso es una actitud permanente que todo empresario debe desarrollar.

Muchas iniciativas y empresas comenzando fallan por este simple hecho. De acuerdo con la Investopedia, el 90 % de los emprendimientos fracasan en sus etapas iniciales por diversos motivos. Es un número desalentador; sin embargo, es una llamada de advertencia.

Cuando alguien pasa a formar parte de una organización, siempre se le presenta un contrato de trabajo que contiene los elementos centrales de la oferta y beneficios al trabajador, pero inmediatamente pasa a explicar el compromiso de secreto industrial que acepta el futuro trabajador para no divulgar de ninguna forma las ideas, productos, desempeños, estrategias y cualquier asunto que pueda perjudicar a la empresa. Si ocurre de esa manera con las grandes empresas, puedes imaginar cuán trascendental puede resultar para una *startup*. El asunto es que muchas veces tratamos de obtener aceptación social o empresarial antes de asumir nuestro propio riesgo. Lo cierto es que lo más seguro es que obtengas todo lo contrario de lo que esperas. Sigue adelante y que sea el mercado el que te descubra.

Aprende a decir *no*

Si es el caso que logras identificar una situación típica de desenfoque, lo más aconsejable es descartarla de inmediato. Resulta mucho más apropiado tomar una decisión rápida antes de invertir tiempo en la evaluación de algo que ya has logrado identificar como un probable desenfoque. Resulta muy positivo, en juntas de estrategia, cuando el líder logra identificarlo rápidamente y, por tanto, destacar frente a todos la pérdida de visión, y entonces decir *no*.

Aunque parezca que saber decir *no* es algo sencillo u obvio, lo cierto es que, a medida que se incorporan personas nuevas a la organización, que son necesarias más áreas de especialización o se está iniciando un proceso de expansión, las oportunidades de perder la visión se multiplican y los riesgos de diluir la estrategia en objetivos sin sentido están más presentes. Mantener una actitud de observación de las decisiones que ejecutan los miembros de nuestro equipo e intervenir a tiempo para abortar una ruta fuera de dirección es indispensable.

La forma más eficiente de mantener el foco dentro de una organización, grupo y hasta en la familia es compartir de forma rutinaria la hoja de ruta que se ha trazado, muy especialmente cuando hemos decidido realizar un cambio de estrategia que puede dejar partes del equipo fuera del camino. De acuerdo con mi experiencia, la dedicación en divulgar la estrategia genera un ambiente de seguridad, de equipo, de futuro que difícilmente es sustituible por otra acción gerencial. También resulta muy provechoso separar de vez en cuando a miembros de tu equipo en una reunión privada que les permita compartir sus inquietudes y confirmar la visión que tienen en su respectiva área. He sido testigo en muchísimas oportunidades en las que el creador no se ha dado a la tarea de divulgar a fondo la estrategia, muchas veces por temor a que se conozcan los alcances del crecimiento de la empresa, sus ventas, sus gastos, sus finanzas. De ninguna forma estoy tratando de subestimar los secretos que debe guardar cada área, pero muchas veces encuentro que es simplemente por temor de compartir el éxito o por mera mezquindad.

Decir *no* no se limita a los aspectos internos. Las empresas están permanentemente atacadas por distractores externos. Estos distractores tienen todo tipo de propuestas de alianzas comerciales, principalmente en el área de mercadeo y publicidad; igualmente en distribución y tercerización de servicios. En infinidad de ocasiones se me ha propuesto una fórmula de intercambio de productos o servicios a cambio de publicidad. Es una típica estrategia de medios de comunicación nuevos o que están en dificultades financieras. Muchas veces se propone que entregues un producto o servicio que tiene una cadena de costos para tu negocio a cambio de publicidad. No es comparable el esfuerzo de entregar un espacio en tiempo al aire con un producto o servicio. A veces estas propuestas resultan tentadoras para los miembros del equipo, pero generalmente no correlacionan un valor adecuado. En estos casos se salta el proceso de selección profesional de medios y espacios publicitarios debido a la errónea idea de un costo no cuantificable en dinero. Puedo decir que en estos casos lo mejor es siempre decir *no*. Si realmente era necesario ese espacio publicitario, previamente ha debido ser evaluado por la empresa y no como reacción a una estrategia del medio de comunicación.

En otros casos, se debe decir *no* a propuestas exageradas de asesoría externa. Hay dos casos que resaltar:

1. Cuando se debe contemplar el desarrollo interno del área.
2. Cuando la propuesta resulta exagerada de acuerdo con el tamaño actual de la empresa. Veamos dos ejemplos que viví en el momento del nacimiento de la industria de internet:

En aquellos inicios de la industria del internet, existían dos tipos de tercerización que se abalanzaban sobre los emprendedores: los primeros en el área tecnológica, empresas como Oracle, Sun Microsystems, Microsoft ofrecían sistemas y soluciones absolutamente desproporcionadas para el tamaño real de los emprendimientos que pretendían asesorar. Eran soluciones tecnológicas de bases de datos de alto nivel de complejidad que requerían una empresa con alto nivel de sofisticación para, proporcionalmente, requerirlos. Pero, en el caso que menciono, esos emprendimientos solo existían en el papel y no en el mercado. Sin embargo, contaban con una cantidad inmensa de recursos para invertir. Siendo que la ambición era desmedida y los sueños de conquistar el mundo con cualquier idea incuantificables, los inversores se lanzaban a la primera a contratar a estos gigantes de tecnología antes de siquiera entender muy bien lo que hacían. El otro caso por destacar era en el área de finanzas. En aquellos días de principios del siglo XXI, hubo una locura de lanzamientos de empresas de internet que, antes de siquiera haber generado un dólar de ingresos, se hacían públicas, es decir, eran solo papeles respaldados por millones de dólares de inversionistas corporativos y privados en una vorágine de crecimiento inorgánico y desmesurado. Como es fácil intuir, existían cientos de asesores de inversión dispuestos a llevarte de la mano a un fastuoso evento para hacer pública tu empresa, mediante un IPO (*initial public offering-* oferta pública inicial). A través de esa oferta, las acciones de una empresa privada se podían ofrecer públicamente en un mercado bursátil abierto como el NYSE (New York Stock Exchange), con la finalidad de levantar cuantiosas cantidades de capital del público inversor. Es fácil comprender que, detrás de todo esto, existían comisiones y honorarios de servicios para gestores, abogados, consultores, contadores públicos, banca de inversión, etc. Esta circunstancia temporal hizo ricos a miles de asesores y "emprendedores". Muchísimos inversores privados perdieron todo su dinero. En plena crisis, entre el año 2000 y 2003, desaparecieron unas 4854 compañías solo en Estados Unidos. El índice Nasdaq de la bolsa de Nueva York cayó, de 5000 puntos en marzo del año 2000 a 1300 puntos en octubre del año 2002, valor similar al que tenía en 1996. Con la caída de las puntocom, las cosas tomaron su ritmo natural, esperando, por supuesto, la siguiente ola.

Estas propuestas de servicios innecesarios en etapas tempranas son un absoluto distractor de la estrategia central de la empresa. Llegado el momento, son la herramienta necesaria para su crecimiento exponencial y su capital de trabajo, pero no anticipadamente. En estos casos, un *no* temprano salvará tu dinero y tu idea.

En muchos casos, estas propuestas de servicios deben contemplarse para su ejecución en casa. Cada día se hace más sencillo crear un sitio web o una red social y cada día es más fácil hacer inversiones publicitarias por nuestra propia cuenta. Usar profesionales de servicios solo cuando es realmente requerido por el tamaño o estrategia es lo más aconsejable.

Evalúa cuestionándote

Cuestionar permanentemente tus propias decisiones y tu visión es un verdadero desafío. Requiere muchísima práctica y revisión a tiempo de los giros que propones al mercado y a tus colaboradores. Cuando una decisión se considera de importancia, es vital cuestionarla. Rodéate de personas que te cuestionen y no que fluyan como súbditos a tus caprichos. Es muy valioso tener a tu lado verdaderos apoyos que te den siempre una mirada más amplia de lo que al principio parecía acertado. Esto parece que siempre es así.

Una vez que creas que ya debes realizar un cambio o estrategia, recomiendo ampliamente ponerlo en pausa por un tiempo prudencial. A veces toma solo una noche, a veces una semana y en algunos casos mucho más. Evalúa una y otra vez tu decisión antes incluso de comunicarla al equipo. Déjala reposar. He validado con frecuencia que, cuando una decisión no termina de ejecutarse, se debe generalmente a que hacían falta elementos que ponderar en la misma.

Cuestiónate y somete a todos quienes toman decisiones al mismo proceso de cuestionarse a sí mismos cada decisión. Generalmente, estos procesos reflexivos terminan por identificar fuentes de desenfoque o contribuyen a mejorar el fondo de la idea por ejecutar. Esto es muy importante, ha resultado valioso siempre para nuestros emprendimientos. La evaluación de los resultados de una gestión de negocios resulta siempre mejor desde el cuestionamiento que permita validar una y otra vez la estrategia.

Cuando el tamaño así lo indique, es muy positivo elegir una junta de directores externos que gocen de una alta calificación para que cuestionen las estrategias. En una oportunidad, un director de una de las empresas que había fundado, sentado en una junta directiva de ocho miembros, me dijo una frase que no podré olvidar: "Si todos los que estamos aquí estamos siempre de acuerdo, hay alguien que está pensando menos". Aprecié mucho este razonamiento para casi todo en la vida. Esta frase amplió nuestro espectro de pensamiento para darnos cuenta de que a veces los acuerdos son producto del fastidio, la rutina o simplemente la falta de interés. Cuando alguien te cuestiona, está manifestando abiertamente su interés y ese es un activo que debes acostumbrarte a valorar positivamente.

Evita los negocios de moda

Como ya hemos podido ver a lo largo de este libro, existen innumerables ejemplos de desenfoque que se enmarcan en el concepto de moda. Por alguna razón particular del mercado, ciertos segmentos logran obtener una preferencia masiva en la mente de los emprendedores, pero estos generalmente no logran superar tiempos de permanencia que los hagan sostenibles en el futuro.

Saber separar estos de las verdaderas oportunidades de mercado es un proceso vital para poder fundar una nueva empresa que pueda mostrar un producto o servicio de largo aliento, estable y productiva, para ti y para tus seres queridos. Estas oportunidades de moda, que debemos evitar, se producen por una variedad de factores que confluyen en determinadas circunstancias, algunas de las cuales son:

1. La llegada de nuevas tecnologías:
Estas irrumpen de una forma que dejan generalmente al mercado boquiabierto y deseoso de correr a participar del pastel. A menos que cuentes con una estrategia diferenciada y muy sólida, generalmente se llega tarde. En los casos en los que se llega a tiempo, en mercados grandes, con una visión global o regional, esto puede dar como resultado una clara ventaja competitiva, pero resulta bastante difícil de acertar el momento específico.

2. Una nueva regulación del Estado:
Cuando nuevas leyes o regulaciones han llegado, se abren una serie de oportunidades que requieren cambios en un mercado existente y se abren también nuevas oportunidades a nuevos actores. Por ejemplo: una regulación de códigos de sanidad para la industria

de alimentos, una variante de códigos de construcción para esa industria, etc.

3. Un hecho político sobrevenido:
El inicio de un conflicto bélico, una campaña electoral, etc. son eventos temporales e imprevistos que generan, en consecuencia, oportunidades de negocio para todo tipo de empresas. Algunas de estas oportunidades son cubiertas por actores consolidados del mercado, por ejemplo, la industria de equipos para la guerra de las naciones desarrolladas, pero otros son explotados por empresarios *pop up* que aparecen solo en determinadas contingencias, realizan sus ganancias y esperan una próxima oportunidad.

4. Una catástrofe natural:
Terremotos, tsunamis, huracanes, etc.

5. Una nueva enfermedad.
Es el caso de la llegada de la pandemia COVID-19. Esta dio lugar a innumerables oportunidades de negocios temporales, así como a otros de mayor permanencia en el tiempo, como las vacunas que emprendieron las grandes farmacéuticas.

Debes ser osado

A pesar de todas las circunstancias que hemos analizado, es indispensable contar con un grado de valentía, arrojo, audacia que permitan superar la natural timidez o aprehensión al riesgo. Este, como hemos visto, es indispensable y se debe considerar como parte esencial del proceso de creación. Sin él, simplemente no pasará nunca nada. Según Maquiavelo[30]: "El profeta que predica y trae el cambio sólo puede sobrevivir si toma las armas". Si vas a generar una disrupción de mercado, debes hacerlo desde el silencio sobre la competencia a la que pretendes desplazar, pero seguro de saber quiénes son y dónde están para acabarlos.

Ser osado es, además, entender que debes saber valorar tu trabajo y esto se traduce en el valor de los productos y servicios que crearás. Si te subvaloras, tendrás que dar muchas explicaciones sobre tu competidor; entonces el poder y tu idea se encontrarán en desventaja. Si te sobrevaloras, siempre podrás retroceder hasta un punto de competencia más apropiado.

Ser osado también implica conocerte con tus deficiencias y ser muy audaz en la elección de tu equipo. Incorporar a personas con conocimientos y habilidades técnicas específicas es indispensable para cualquier empresa, incluso una pequeña. Es preferible un colaborador que te cuestione y no uno que te aplauda.

También lo es hacer actos imponentes, presentar tus productos rodeados de una simbología que los haga desde el inicio con categoría global, que son apropiados para muchos mercados, aunque tu inicio sea solo territorialmente limitado. El mercado entiende más de símbolos que de palabras; estos llegan más rápido,

---

30 Nicolás de Maquiavelo (1469-1527) fue un diplomático, funcionario, filósofo político y escritor italiano, considerado el padre de la ciencia política moderna. Su libro más importante es *El Príncipe*, del cual se extrae este pensamiento.

con mayor eficacia y sin explicaciones. Son abstractos y se apoyan en la imaginación y la emoción, lo cual al final tiene la virtud de crear una historia, esa que lo hace único y poderoso. Si apelas a sus emociones con osadía, es probable que corran en hordas a ellos y obtengas el éxito que esperas y quizás uno que nunca imaginaste.

ESTA EDICIÓN DE
DESENFOCADOS
FUE IMPRESA EN
LOS TALLERES
DE PODIPRINT
MÁLAGA, ESPAÑA

Made in the USA
Monee, IL
17 February 2025

12442107R00144